托育家庭的管理與佈置

郭靜晃、黃惠如◎著

序

經濟高度發展,造成社會價值丕變,同時也造成傳統「男主外,女主內」的家庭功能的改變。相關調查數據顯示,臺灣婦女教育水準提高、家庭結構改組、經濟之工作行業改變,造成愈來愈多的女性投入工作職場,也使得他們對家務付出的時間相對地減少。所以,現代之家庭需要減少家務負擔,因此便將嬰幼兒之托育工作委託別人來幫忙,這些人我們俗稱「保母」,也是政府及行政部門所稱謂的兒童福利專業人員之一(大都被認為半專業人員)。

事實上,「托育」一職源由已久,從早期在大家庭裡從旁協助哺育幼兒的奶媽,到今日完全負起收托養育之責的保母,他們同樣都扮演著幼兒「重要他人」的角色。不同的是,社會環境改變了,托育家庭收托來自另外一個(甚至數個)家庭的嬰幼兒,家庭間不同的文化、保母與母親間的互動、甚至環境的因素,都影響著托育的品質。在托育家庭蔚為風潮之際,為了保障托育品質,保母證照化的呼聲也因應而生,在豐富的育兒經驗之餘,他們應該學習如何更有效率、更有品質也更具發展觀的保育技巧,以因應兒童成長之需。目前市面上專門為保母撰寫的書籍並不多,例如,《專業保母》、《托兒問題知多少》,以及《保母媽媽》等,這些書籍大多談論育兒常識與托育相關問題,有關托育家庭的家事管理與遊戲環境評估的訊息則付之闕如,而這本書則是提

供給想從事家庭式幼兒保育工作者，及一般為人父母照顧幼兒的指南手冊。

本書之目的是想要提昇托育家庭及家庭育有幼兒之家庭管理、佈置與規劃原則、以及托育環境之評估及設計等資訊，以提供幼兒一個安全、富於學習的高品質托育環境，並增加保母或家長增加育兒工作效率的資訊。所有的訊息是以適齡（age-appropriate）、適性（gender-appropriate）、及適格（personality-fitted）為原則，著重實際的應用及情境規則，以提供想進入居家保育行業，或是目前正在從事家庭托育行業之工作者的參考資訊，它也是保母訓練課程中的指定課程，同時也可以提供幼兒保育及相關課程的參考資訊。

本書共分為六章：托育家庭的規劃與需求、托育環境的安全、托育家庭的管理、兒童遊戲與托育家庭遊戲情境佈置、理想的托育環境、托育空間設計。前三章著重在托育家庭需求、評估及家庭管理；後三章則以兒童遊戲為經、兒童發展為緯，提供適齡、適性的托育環境規劃及玩物的選擇。

本書在揚智文化事業股份有限公司總經理葉忠賢先生熱心支持、賴筱彌小姐鞭策及催生之下，才能順利出版，希望藉由此書能帶給所有幼兒的父母以及在托育領域工作的專業夥伴們，能在育兒照顧之書籍中多一份選擇。

祝福我們的兒童在安全及健康的托育環境下，獲得最充分的照顧與教育。

郭靜晃、黃惠如 謹識

目錄

1.托育家庭的規劃與需求

◎我國托育服務的發展趨勢

◎托育家庭的定義與範圍

◎托育家庭管理之重要性

◎托育家庭管理的原則

◎托育家庭的需求

◎參考文獻

兒童福利已不再是單純的人道主義問題，至少目前世界潮流對兒童福利努力的目標，不再是消極地針對特別需要救濟和保護的不幸兒童，而是更進一步地積極針對每位兒童權益的保護，包括：兒童的托育、教育、衛生及社會各方面的福利事業，甚至也是一個當作國家文明的重要指標，所以說來，兒童福祉與兒童照顧攸關國家的永續發展。相當多的先進國家，例如，美國、加拿大、英國、紐西蘭等國家開始撥出大筆預算，一方面減輕家庭照顧幼兒的負擔，一方面提供最好的支持育兒措施與照顧方案，讓國家的新巨輪能在最關鍵的時刻獲得最好的照顧。投資兒童就是投資未來，今日不做，明日就會後悔，爲了培養下一世紀優質的人口，規劃整體的兒童照顧政策與服務方案有其必要性（天下雜誌，1999；郭靜晃，1999：120）。兒童福利政策可以說是運用一切有效之社會資源，滿足兒童時期生理、心理、社會環境之特殊需求，促使兒童得以充分發揮其潛能，達成均衡且健全發展之目的的計畫與方案。

　　近年來，我國由於經濟與社會發展快速，國民所得已超過一萬兩仟美元，並且政治結構也日趨民主化，然社會的長期成長卻未能同步跟進，導致家庭和社會不論在結構層面、功能內涵均起了相當的變化（郭靜晃，1999：199）。這些轉變造成家庭兒童照顧負擔愈加沉重，婦女轉至就業市場更使照顧的功能遭到嚴重挑戰，因此，台灣有愈來愈多的幼童不再是由母親或家人留在家中照顧，而是接受政府或民間團體所提供的托育服務（余多年，1999）。然而，從傳統的理念而言，除了父母雙亡或是不適任時，母親留在家中照顧幼兒乃是天經地義的事，兒童照顧根本不是問題，也沒有所謂的兒童照顧需求（余多年，1999：2）。但是，廿世紀之末期，由

於社會與經濟發展快速，導致家庭與社會不論在結構層面、功能內涵均起了相當之變化，這些改變，對兒童照顧也產生一些轉變方向，茲分述如下：

兒童人口減少

台灣地區由於人口政策及家庭計畫工作之推展有成，出生率逐年降低。民國七十三年，十二歲以下兒童人口數共計4,629,185人，至民國八十二年減爲4,059,387人（內政部，民73-82年），至民國八十四年減爲3,885,267人（內政部統計處，1996），至民國八十六年的3,837,000人及民國八十七年的382萬人左右，十二年中，兒童人口數減少19.15%；在總人口所佔的比例中，則由民國七十三年的24.35%下降至民國八十二年的19.33%，以及民國八十六年的17.65%及民國八十七年的17.64%，呈穩定減少之趨勢。

兒童出生人數雖減少，但由於今日公共衛生及醫藥的進步、有效的避孕方法，使兒童在父母的愛與期望中誕生；因此，今日之兒童較以往更加受到家庭與社會之關注。再加上台灣社會已呈現老人化社會，老年人口逐年增加，平均壽命亦增加，未來的人口依賴比率也逐年增加，而未來兒童及少年成年後之負擔比例也將加重，因此社會及政府愈來愈重視兒童福利「質」的提昇。

家庭結構與功能的改變

家庭是人類生活中最初的社會化團體，雖然家庭在經歷生命週期（life cycle）的不同階段時，會引起結構上的改變，包括：家庭形成（結婚、同居）、家庭擴大（收養、養育

子女）及家庭解組（家庭成員離家、離婚）等。除此之外，家庭環境、結構、功能及生存方式等方面的變化往往是家庭因應外在壓力及需求，或自行選擇新生活方式的結果，家庭的任何變動，都將對依附家庭而生長的兒童，產生鉅大之影響。

現代社會至少要保存下列五種家庭功能：生育的功能、照顧兒童的功能、提供社會化之教育功能、規範性行為的功能及提供親情資源之功能（Zastrow, 1994:146-147）。然社會變遷也使得美國家庭產生鉅大之變化，例如，離婚率上升，促使單親家庭增加，家庭之親情功能瓦解，促使兒童受虐或婚暴事件增多，也使得空殼婚姻（empty shell marriage）增加。

台灣根據內政部統計處（1997）編印的《中華民國八十四年臺灣地區兒童生活狀況調查報告》指出，我國之家庭結構以核心家庭（佔59.79%）為主要之家庭型態。由於家庭組織規模的縮小與社會生活步調的快速，過去傳統農業社會對家庭養兒育女的家庭支持，也在現在社會中逐漸式微。這些社會變遷反映出離婚率上升、單親家庭驟增（在1995年台灣地區兒童生活狀況調查中，約佔3.28%），由於漸增的離婚率促使單親家庭數穩定成長，也使兒童面臨生長在單親家庭。單親母親大都需要外出工作（約達90%），以維持家庭經濟收入，這更加顯現兒童照顧的重要性。此外，我國已婚婦女勞動率也有逐年增加的趨勢，其中育有六歲以下子女的婦女勞動參與率則平均在40%以上（行政院主計處，1984-1996），再加上兩性工作不平權，同工不同酬，婦女平均工資為男性的71.6%，這也顯現婦女就業率提增對家庭的經濟貢獻，但也同時顯現家庭需要以家庭為取向之兒童照顧政策來支持他們

因家庭與工作所帶來的角色壓力（郭靜晃，1999：119）。而在一般的家庭，尤其是育有學齡前兒童，他們仍是以「在家由母親帶」的托育方式為最高（佔52.06%），且最期待政府辦理「增設各種公立托育機構」（重要度為31.46%）之兒童福利措施（內政部統計處，1997）。這些轉變皆明白顯示我國現代家庭對兒童照顧需求的殷切。

經濟成長

我國近十年來，國民所得已超過一萬兩仟美元，年平均漲幅為9.75%，富裕的經濟生活，使得一般國民希求更精緻的生活品質。此種現象就如同Kadushin and Martin（1988）所提及：經濟的高度成長，將促使社會更有能力支持，照顧生理、心智上殘障以及父母無力養育的兒童。尤其我國社會因應工商發展、社會快速變遷、家庭組織結構的演變、核心家庭及雙薪家庭的形成，衝擊著傳統價值觀與家庭照顧兒童功能，導致兒童被疏忽、虐待，也使得我國父母需要以兒童福利之服務來支持父母照顧子女及輔導與保護孩子（劉邦富，1999：97）。

因此，較諸以往，兒童權益受到重視，乃是一必然的潮流，政府的責任，便是順應民意的需求，提供適當的服務。我國在民國八十二年修正兒童福利法，除了明訂中央成立專責單位——兒童局，各級政府並陸續配合訂頒各項福利措施，以建構國內兒童福利之輸送服務，並以兒童權益、照顧、保護等福利工作為首要任務。

托育家庭的管理與佈置

社會大衆對兒童福利觀念的轉變

　　由於兩性觀念日趨平權，加上通貨膨脹的壓力，使得婦女投入工作職場，再加上工作機會增加，而且也不需要太多勞力之工作，諸此種種造成家庭角色功能面臨重新調整，養兒育女不再是女性一個人之責任。這也使得原來家庭教養小孩相同之議題一直是被定位爲私領域（private sphere）的概念，屬於家庭的責任；相對地，男性的角色定位是公領域（public sphere）的領域，男性主外，在外負責賺取薪資（breadwinners），而女性主內，則是皆在家中扮演照顧者、支持者的角色（housekeepers）（余多年，1999：2）。

兒童權益擴張，落實國家親權

　　兒童雖是獨立的個體，但因沒有足夠的能力及社會地位，所以導致在社會資源的分配是受到忽視，甚至更定義爲「無聲音的群體」（group with no voice）。儘管社會對兒童的觀念及賦予地位不斷地有提昇與進步的現象，但相對於成人而言兒童還是不當地被認爲是父母的擁有物或私產（馮燕，1999：104-105）。另一方面，從兒童利益的觀點，過去由於兒童從被視爲是家長的資產，雖然早在廿世紀初期，許多先進國家就開始介入家庭兒童照顧領域，但是政府介入的角度、關懷點是在支持家庭與婦女。雖然一九二四年聯合國發表兒童權利宣言，在一九五九年更有第二次兒童福利宣言，不過，這些議題的定位是僅限於補充家庭功能之不足。反觀於台灣，鑑於舊有兒童福利法之部分條文內容，難符社會需求，尤其在保護及處置方面及兒童福利機構之管理等規定，實有修正及充實之必要，因此，內政部於一九九三年二月修

正通過兒童福利法，其中對於兒童權益及價值觀念轉為更為積極之規範，例如，將兒童認為是準公共財（quasipublic goods），並以兒童福利法規定國家親職，規定政府對於未受保護及受侵害之兒童可以剝奪父母之監督權，並轉移監護權至國家；並將早期以問題取向，針對特殊需求之兒童提供救助、保護、矯正、輔導及養護等措施轉至以發展取向為主，針對一般對象之兒童健全活動所需之服務、福利措施包括：衛生保健、兒童托育教育及司法保護等領域，發展脈絡是由消極扶助到積極關懷，從特殊性到普遍性，從機構收容到以家庭為基礎的服務方案。

此外，因鑑於自一九九三年兒童福利法修正，少年福利法一九八九年公布以來，也已歷經七年或十一年，隨著社會環境與家庭結構的變遷，兒少福利需求日新月異，在輔導工作上也面臨另一新的挑戰。加上兩法除了年齡之差異，在業務也互有重疊，內政部於一九八九年九月十日邀集中央及省市、縣市機關及民間團體共同會商決議，以「合併修法」為原則，研修兒童少年法。研修內容除了將兒童年齡擴大至十八歲，也新增落實保障無國籍之兒童人權，加強各目的事業主管機關之橫向分工，加強原生家庭功能，對兒童個案之保密工作及人權保護、兒童財產信託、媒體分級以保護兒童、增列兒童遊戲場之管理等法規。

為了因應社會快速變遷，導致家庭結構的演變，核心及雙薪家庭的形成衝擊著傳統價值觀與家庭照顧幼兒功能，致兒童被疏忽、虐待事件時有所聞，兼以兒童福利服務、輔導與保護工作需求日殷，社會大眾期盼中央能有一專責機構以提供多元的、及時的專業服務，此種殷盼也一併在一九九三年的兒童福利法修正條文中明訂（第六條）。長達六年多的期

托育家庭的管理與佈置

盼中，兒童局終於在聯合國的「兒童權利宣言」公告四十年後的一九九九年十一月二十日「國際兒童人權日」正式掛牌運作。兒童局的成立，除了落實兒童福利法立法精神，對全國兒童而言，更是有了一個中央專責單位，掌管兒童權益，更能有接納無聲音團體（兒童之聲）的功能，這也象徵我國兒童福利工作邁向廿一新世紀的開端及新紀元，更能展現政府想辦好兒童福利工作的強烈企圖心，也凸顯政府積極參與兒童福利工作之推展與維護兒童權益的決心（內政部，2000）。

我國托育服務的發展趨勢

托育服務（day care service）為兒童福利服務重要項目之一，根據美國兒童福利聯盟（Child Welfare League of America, 1975）在聯合國提出的托育服務定義指出：「當學齡前及學齡兒童的父母外出工作或其它原因離開家庭，以及為了兒童特別的需要，例如，家庭困難，心智障礙或情緒困擾的兒童，在一天之中的某段時間內，由一個團體式的設施或家庭式的托育機構，給予兒童適當的安置，以協助家長提供兒童保護照顧及發展的經驗。」Kadushin與Martin（1998）認為托育服務是一種補充性的兒童福利服務，係一種補充家庭在一天的某些時間照顧孩子的福利服務，從這個角度來看，托育服務主要幫助暫時缺乏親職角色的家庭——例如，協助雙親外出工作的家庭照顧其子女，並且增強和支持正向的親職角色。發展心理學家，例如，Freud、Erikson、Piaget，皆強調「早期發展乃後期發展之基礎」，更如於諺語

有之：「三歲看大，六歲看老」，幼兒時期，是個體生理、智能、情緒和社會化學習行為發展的重要關鍵及基礎階段，甚至更直接影響其人生後續階段的發展。由此可知，托育服務除具有補充久因角色暫時缺位的功能，「照顧」和「保護」更為托育服務的首要工作，「教育」則為托育服務的附帶功能（郭靜晃，1998）。

基本上，無論是主觀的個人感受抑或客觀的事實反映，再再都說明了：托兒服務已經是臺灣一項重要的社會事實（social facts）（內政部，1997）。事實上，從民國八十年及八十四年內政部統計處所做的有關學齡前兒童托育之調查報告中顯現：在家由母親帶育幼兒是理想也是實際的最大優先順序，但這種相對地位的重要性卻也日漸減緩；相對地，將幼兒送往幼稚園以及托兒所的比例反而有逐漸上升的趨勢（參考表1.1）。

隨著社會、政治、經濟環境轉型與變化，婦女逐漸成為就業市場的主力。民國七十一年，女性勞動參與率為40%左右，到了民國七十五年，則突破45%。其間雖受經濟不景氣的影響而稍為變動，但是在民國八十二年時，仍接近45%（行政院主計處，1994），而至八十七年則為46%（李安妮，1998）。就上列資料顯示：女性勞動率參與率的上升，是時代的趨勢。其次，台灣地區家有學齡前幼兒的有偶婦女勞動參與率，由民國七十年的28.26%至民國八十二年的42.99%（行政院主計處，1993）到民國八十七年則為48.6%（單驥，1998）；這份資料更顯示出已婚且有幼兒的婦女就業人口數，呈現上升的趨勢，這個問題及趨勢更值得我們關切。此外，社會變遷也影響家庭型態產生改變。例如，人口結構的變化，造成家庭人口數減少，家庭型態趨於多元化並且也以

表1.1 台灣地區家庭對學齡前兒童托育情形調查報告

	現實托育方式		理想托育方式	
	1991	**1995**	**1991**	**1995**
依重要序排列	在家由母親帶 (54.32%)	在家由母親帶 (52.06%)	在家由母親帶 (70.72%)	在家由母親帶 (67.58%)
	在家由其他家人帶 (17.55%)	送到幼稚園 (15.32%)	送到幼稚園 (10.28%)	送到幼稚園 (12.94%)
	送到幼稚園 (6.79%)	在家由其他家人帶 (13.40%)	在家由其他家人帶 (8.34%)	在家由其他家人帶 (7.03%)
	送到托兒所 (6.79%)	送到托兒所 (8.53%)	送到托兒所 (6.96%)	送到托兒所 (6.73%)
	送到保母家或親戚家 (3.91%)	送到保母家或親戚家 (4.96%)	送到保母家或親戚家 (1.47%)	送到保母家或親戚家 (2.50%)
	全日寄養在親戚家 (1.00%)	全日寄養在親戚家 (2.00%)	花錢請人在家帶 (1.03%)	花錢請人在家帶 (1.17%)
	全日寄養在保母家 (0.92%)	全日寄養在保母家 (1.54%)	全日寄養在親戚家 (0.15%)	全日寄養在親戚家 (0.42%)
	花錢請人在家帶 (0.45%)	花錢請人在家帶 (0.73%)	全日寄養在保母家 (0.11%)	全日寄養在保母家 (0.31%)

資料來源：內政部，1997：22-23

核心家庭為主，也造成家庭成員之間相互支援的功能減少；兩性平等，造成夫妻關係趨向平權；女性意識及個人主義的抬頭也造成原有「男主外，女主內」傳統兩性觀念的瓦解，相對地也提昇女性的自我意識以及個人的權利等。殊此種種也顯示現代社會結構日趨複雜與多元化，現有家庭無法充分提供家庭成員所需的知識以適應這麼現代化的社會；由於家庭無法具備並發揮所有的家庭功能，因此社會必須衍生以專

表1.2 台灣地區結婚、離婚對數之比例與有偶人口離婚率表

年度	總人口數*	結婚對數	離婚對數	結婚：離婚	離婚：結婚
1951	7,869	73,676	3,858	19.1：1	1：5.2
1980	17,805	174,742	13,472	13.0：1	1：7.7
1990	20,352	142,756	27,445	5.2：1	1：1.92
1991	20,556	162,766	28,287	5.7：1	1：1.75
1992	20,752	169,461	29,205	5.8：1	1：17.2
1993	20,917	157,780	30,200	5.2：1	1：19.2
1994	21,177	170,864	31,899	5.4：1	1：18.7
*以千人爲單位					

資料來源：彭懷眞（1996），《婚姻與家庭》，p. 139。

門化及特殊化爲主的其它機構與專業提供來負責家庭不能善
盡的功能。

　　家庭結構的改變，尤其是擴展家庭及主幹家庭逐漸減
少，代之以核心家庭的家庭型態，使得家庭傳統扮演主要照
顧兒童功能的角色於現代社會中逐漸式微。根據內政部主計
處的調查資料顯示：核心家庭爲目前台灣地區的主要家庭型
態（佔55.72%）（內政部統計處，1990），而台灣地區平均每
戶人口亦逐漸縮小（行政院主計處，1994），除了顯示生育率
降低之外，另一原因則爲親屬同住比例亦有愈見減少之趨勢
（王麗容，1994），親屬之間的相互扶持功能亦因此而日趨減
弱。

　　台灣社會平均每5.4對結婚就有1對離婚（見表1.2）。及十
五歲以上人口有7.37%是居住在破碎婚姻之中（見表1.3）（彭
懷眞，1996：139-140）。黃俊傑（1990）的研究也指出：台
灣地區核心家庭已超過四分之三，而較十年前謝高橋（1980）

表1.3 台閩地區離婚率及十五歲以上人口婚姻狀況

年	對/千人	粗離婚率		有偶人口離婚率		十五歲以上人口	
		男	女	未婚	有偶	離婚	喪偶
1971	0.36	2.0	2.1	37.17	57.11	0.75	7.97
1980	0.76	3.9	3.9	36.16	58.32	1.07	4.45
1990	1.36	6.3	6.3	33.94	59.15	2.22	4.69
1991	1.38	6.4	6.4	33.93	59.01	2.37	4.69
1992	1.41	6.5	6.5	33.80	59.00	2.50	4.70
1993	1.45	6.6	6.6	33.82	58.81	2.63	4.74

資料來源：彭懷眞（1996），《婚姻與家庭》，p.140。

表1.4 台灣地區家結構的變遷情形

年代	佔家戶總百分比	
	核心家庭	三代同堂
1976		21%
1980	66%	
1985		8%
1990	75%	

資料來源：謝高橋（1980），黃俊傑（1990），羅紀瓊（1987）。

的研究大約佔三分之二強。

　　羅紀瓊（1987）的研究中也指出：在民國六十五年三代同堂的家戶有21%，可是到民國74年則降為8%（見表1.4）。

　　家庭照顧幼兒的功能日漸式微，必須有賴外在社會支持體系的協助以補充家庭功能之不足。另外，由於愈來愈多的

已婚婦女投入就業市場，加上單親家庭的逐年增加，對於家庭托育的需求更是至為殷切。托育的需求亦由家庭照顧的需求轉而為對於社區照顧的需求。由於婚姻價值觀的改變，兩性平等權利及觀念受到重視，加上社會對於離婚之接受度提高，因此也造成台灣離婚率有增加之趨勢。在一九九三年十五歲以上人口約有2.63%是離婚，大約為總人口之千分之一點四五（參見表1.3)，是二十年前約三至四倍，離婚率的增加也倍增了單親家庭的成長。單親家庭之父或母必須要工作養家，因此他們親職角色壓力會遠比雙親家庭為重，如果缺乏社會支持，也常會影響到家庭成員之適應。

社會變遷因而衍生家庭的托育需求，家庭已有傳統家庭成員扮演主要照顧功能的角色，進而轉變對社會區提供機構照顧的需求。然而，托育服務在需求與供給之間，不僅在「量」的方面呈現很大差距，在「質」的方面也面臨相當多的困境。根據內政部統計處（1993）的統計資料顯示：全國六歲以下的兒童總數為1,965,269人，全部收托比率為23.90%；期中2～6歲以下學齡前幼兒總數為1,317,802人，而台灣地區已立案的公私立托兒所計3,742所，受托人數共231,858人加上已立案的公私立幼稚園共有2,435園，收托237,779人（教育統計，1994）。就此數據得知，台灣地區有1,495,632人（約占六歲以對總人數的76.1%）是由未立案的托兒所、幼稚園、家庭保母、親戚或父母親自己照顧，可見我國托育品質並不一致並且可能具有相當大的差異性。

綜合上述可以發現，由於社會變遷家庭照顧功能已由家人的照顧轉移至機構式的照顧，目前台灣地區學齡前零至六歲兒童約有196萬人，充其量我國學齡前兒童收托率數為23.90%加上保守估計5%的保母收托率，總計的為30.0左右而

149萬幼兒則缺乏外在社會組織的協助（王麗容，1994）。所以說來，擴充托育量的滿足是一很重要的要務，而充實托育的品質也是當務之急。

　　然與先進國家相比，台灣地區社會支持體系對於幼兒照顧的比例明顯偏低。此外，據內政部統計處（1993）資料顯示：台灣地區7～12歲學齡兒童總數為2,193,826人，扣除國小學生三年級以上全天教學部分，一、二年級（7～8）歲的學齡兒童總數為647,067人。這些兒童，由於家庭結構改變，婦女就業增加，父母期待升高，重視教學投資，鄰里互助功能不足，以及托育機構的供給擴張（馮燕，1994），致使兒童在課後除了家庭所提供的人員（例如，父母、親友或尋求保母在家照顧）之外，其餘不是成為鑰匙兒，就是參與課後輔導，安親班或才藝班。針對此現況，所幸，政府為顧及學齡兒童的托育需求，在課後之餘，在校成立課後輔導，在白天下午安排一些才藝課程，或由老師留校輔導課業。這個策略雖解決大半的托兒問題，但未能解決白天課後輔導結束後，父母尚未下班或接送時的托兒問題。

　　無論就兒童發展、婦女就業率或自社會支持系統之各方面的觀點來看，學齡前或學齡兒童，托育問題實為婦女或家庭的重要需求之一。在供需無法平衡，以及現有法令對各種托育類型無法全面性品質管理、輔導、訓練及評估之下，兒童托育品質難以提昇。在家庭支持體系日趨減弱的情形之下，外在社會支持體系下之兒童托育服務的「量」與「質」問題更應特別予以關切（彭淑華，1995）。

　　以往至今，幼教品質一直是良莠不齊，加上幼兒教育在國家政策上定位不明，例如，缺乏幼稚教育之專責單位，幼教相關法令未能明確幼教經費之來源及比例，公私立幼稚園

因分配失衡，私立幼稚園學費昂貴，造成家長負擔沉重（heavy affordability）。托育機構之主要機構——幼稚園與托兒所，分別隸屬於不同主管機關，因管理法規、師資培育管道不同，造成不能在幼稚園立案及取得資格之幼稚園及教師轉向到社政單位立案為托兒所，並取得保育員資格。長期以來，由於幼托工作人員薪資偏低，福利差又無工作保障等因素，造成工作人員流動率高，也造成幼教師資供需之間嚴重不平衡，也衝擊整個幼教生態及輸送品質，加上公立托育機構因數量有限、城鄉及地區分布不均，而且托育之需求又有可近性（accessibility）之需求，所以造成幼兒入園所比例低，並且轉移到私資源之親自照顧或委託親人照顧。諸如種種之問題的未能解決皆是攸關托育服務品質之提昇的首要條件以及未能紓解國家育兒及兒童照顧之壓力。

然而，從公資源的角度來看，政府辦理兒童托育服務之目的在於補充家庭照顧之不足，然隨著社會結構轉型及價值觀念變遷，導致親職任務的重新界定與分工，為協助轉型中的家庭及婦女的多元角色擴展，使其在家庭與職場間能取得平衡，自民國四十四年起即積極推展托兒服務，八十年度起更擴大補助各縣市政府興設「示範托兒所」，在八十年度至八十四年度間，計補助二十個縣市設立五十六所示範托兒所，八十五年度起補助項目修正為一般性「公立托兒所」，以擴大範圍，並續編相關經費補助辦理至今，迄今（八十八年度）計補助興建一百一十三所公立托兒所（劉邦富，1999）。此項措施除了讓托兒所在「量」的擴增之餘，更帶動「質」的同步提昇。除此之外，政府也積極參照兒童福利法之規範，給予私立托兒所獎勵及補助，共計有公、私立托兒所二千五百一十五所，收托兒童約有二十六萬三千餘人。

為提昇收托品質，並導引托育福利朝向專業領域發展，訂頒「兒童福利專業人員資格要點訓練實施方案」，並委託大專院校積極辦理專業訓練，對提昇托兒所體系之專業素質有莫大的助益（有關兒童托育服務的師資與學生專業能力請參考附錄一）。另除督導各地方政府辦理家庭保母培訓工作外，並於八十七年三月正式實施保母人員技術士技能檢定，其能廣為培訓專業保母人員，至民國八十八年止已有一萬三千零四十一人取得保母證照，提昇托育品質的質與量。有關保母人員技術士檢定規範所包含之工作項目、技能種類、及相關知識請參考附錄二。

　　為保障課後托育安親班之托育品質及有效監督，兒童局業於民國八十八年十二月底研訂「安親班定型化契約範本（草案）」，正由行政院消保會審核中，擬藉以提供幼童家長及托兒機構之溝通參考，減少爭議事件。為嘉惠照顧更多幼童就托福祉，政府自八十四年度開辦托育津貼，凡政府列冊有案之低收入戶及家庭寄養幼童就托於各級政府辦理之公立托兒所、政府核准之社區托兒所、立案許可之私立托兒所者，均補助每名幼童每月新台幣一千五百元整。內政部兒童局為減輕家境清寒者之育兒負擔，責成各地方政府加強督導所轄各托兒所落實對列冊有案之低收入戶幼兒優先並免費收托之照顧，清寒家庭子女亦可享有減半收費之福祉（劉邦富，1999）。此外，兒童局為配合教育部，擬於八十九學年度起發放幼兒教育券，補助就托於私立托兒所之五歲幼童每年一萬元，以減輕家長負擔。

　　整體看來，我國對於兒童照顧的方式除了健保給付低收入戶的生活扶助之外，就是提供托兒照顧。而托兒照顧不但機構數量不夠，還有品質有待提昇。兒童的照顧不只反映兒

童是否受到良好的照顧的兒童福利需求，也是反映婦女就業問題的福利需求。由於家庭結構的改變，婦女就業人口的增加，尤其是家庭育有學齡前兒童的婦女，使得托兒服務成為國家擬定家庭政策中必須考慮的要項。依先進國家的做法，兒童照顧的提供應朝向多元化的發展模式，所提供的內容應足以提供不同類型家庭彈性的選擇，同時尚須和政府其它體系，例如，教育、衛生、戶政等行政系統充分的配合，將兒童照顧建立為支持家庭的兒童福利服務。支持家庭本位的兒童照顧乃是建構一個支持性的體系或環境（supportive environment），來協助家庭達成各種家庭的功能，例如，社會性、教育性、保護性和經濟性等功能。而有關此種支持兒童照顧的家庭政策乃包括：兒童照顧、家庭諮商、親職教育、收入維持、就業服務及兒童保護等相關福利服務措施。

托育家庭的定義與範圍

王麗容（1994）指出我國保母托育率約在5%；而台灣省兒童托育概況調查（1994）指出我國保母托育率約為6.1%。若以目前兒童總人數的二百二十萬人推估，今台灣地區大約有十一至十三萬名學齡前兒童在保母家。而依保母家收托兒童以不超過三名為原則，則台灣地區約有四萬個家庭保母，但是事實上，我們只有一萬三千零四十一取得合格保母證照。依家庭保母之資格標準，其應符合下列之規定：

1. 家庭保母年齡在25～55歲之間，超過55歲者每年需提出健康檢查證明。

2.幼保科系畢業；非幼保科系畢業者，則應具有國民義
　務教育以上的教育程度，且需接受政府頒定之家庭保
　母專業訓練課程。
3.品性端正、健康良好、無法定惡性傳染病。
4.有足夠的育兒空間、且安全整潔。
5.非本科系者應有育兒經驗三年以上者。

　　綜合上列的規定，無論是幼保科系申請者或是非幼保科
系申請者，均需經過專業訓練，之後訓練合格者則可申請核
發保母許可證、其流程如下：（見圖1.1）
　　從證照核發的整體流程，家庭保母的審核有其相關辦法
與規定（例如，保母技術士技能檢定規範說明，參考附錄
二，及兒童福利專業人員資格要點，參考附錄三）為依據、
其規定如下：

1.檢附戶口名簿、健康證明書、修業證書，向當地兒童
　福利主管機關提出申請，經審核發給許可證後，始得
　收托兒童，並需每五年接受評鑑一次，經評鑑績優者
　讓予優良保母獎狀，不合格者依法撤銷許可證。
2.家庭保母審查標準：

　◇符合家庭保母應具備之條件。
　◇有正確育兒觀念。
　◇富愛心、耐心、喜愛兒童。
　◇家人支持。
　◇未有嚴重家庭經濟問題。
　◇不能同時照顧零歲至未滿二歲幼兒二人以上或三至
　　六歲三人以上（含自己的小孩）。

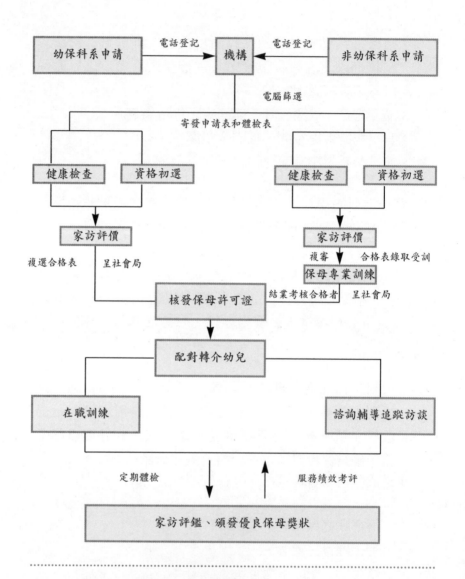

圖1.1 家庭托育—核發保母許可證流程圖

◇健康檢查項目需包括：肺病、肝病、愛滋病、梅毒、血壓等項目的篩檢。

從這些資料與規定來看，我們可以發現，家庭托兒工作人員是一群年齡在25至55歲之間，國中以上教育程度之健康又有愛心的工作者，並兼其下列之特色：

1.是一群經過甄選，健康檢查及受過育兒專業訓練的保母來提供服務。
2.在家（機構）提供照顧幼兒的服務。
3.有機構提供諮詢服務。
4.使兒童的身心能有更適當的發展及更妥善的照顧。
5.有足夠的選擇機會，為父母挑選適合家庭的保母。
6.能就近托兒，方便照應。
7.可幫助政府舒解托育服務之壓力。
8.協助就學父母解決托兒問題，使之無後顧之憂，而全力投入勞動市場，增加家庭收入並兼顧家庭。

目前我國托育系統包括有機構式托育及家庭托兒，民國七十七年從台北市率先開始，爾後台灣省及各縣市政府，也都逐年實施委託民間機構（例如，家扶中心、實踐設計管理學院、中國文化大學、信誼基金會等）辦理家庭托育保母的專業訓練，使得受訓保母開始結成組織，而民間家長也開始注意並信任政府委訓出來的保母，使得保母為兒童福利服務輸送系統中社區化，精緻化的托育系統之一。

托育家庭管理之重要性

「三歲決定一生」意謂著兒童早期發展的重要性，因此家庭托育工作，尤其對幼兒的托育不僅衹是給予幼兒食物滿足、睡眠充裕，更重要是幫助幼兒適性的啓發，生活常規訓練、性格與情緒的發展更是重要，所以，托兒工作人員本身之素質及親子生活與家庭環境之規劃與管理，就深深地影響了幼兒的成長與發展。保母工作的品質攸關著幼兒的成長，而幼兒是國家的棟樑，其成長的品質也關係著國家社會未來的人力資源發展。

與托兒工作品質相關的，除了前述幾項因素之外，保母家庭所提供的受托環境也是重要的考量因素。例如，托育家庭的硬體空間是否有足夠的空間讓幼兒進行活動，家具、空間佈置、光線、溫度及通風狀況等是否適合幼兒，活動的安排是否具有彈性等皆會影響幼兒的成長。除了硬體設施的準備與提供外，相關托育家庭的管理，例如，家人間的協調與協助，尤其是保母自己子女的適應程度與狀況更是重要。當家中突然增加一（些）幼兒時，不僅家庭成員可能會感到不習慣，可能親友之間的社交或活動也都將有所改變，面對這些極有可能出現的反應。最重要的是要化阻力爲助力，同時也需要求家庭中的其他成員共同投入與分擔，至少也應取得家中成員的尊重或支持你的決定，如此才可能提供完善的托育服務。

托育家庭是幼兒生活的重心，需要精心管理與規劃，因爲不同年齡層的幼兒，可能來自於不同的家庭背景、生活習慣也有所差異，加上沒有固定可預期的日程表，孩子日復一

日進行相同的活動，看一陳不變的書籍，玩同樣的玩物，那麼，保母的功能僅僅變成提供養育環境一項，對於其它有關幼兒的教化及提供幼兒探索及遊戲的機會等就被忽略了，尤其最近幾年有關兒童權益的調查報告中常報導有關兒童的遊戲權常常被成人所忽略。關於幼兒的智能成長需要一些創意的刺激及生動的活動設計，而生動的活動設計更有賴於良好的作習計畫及環境規劃，至於如何做好托育環境的規劃則將在下一節中加以說明。

　　良好的作息計畫可以因保母喜好、孩子年齡以及孩子經驗和興趣之不同而有所變化。對幼兒來說，一個固定規劃加上一點彈性的作息時間對他們較有預期性，有了預期及準備，加上保母的態度堅持，也可以幫忙養成孩子的良好習慣。對於年齡較小的兒童，其活動的重複性高，因此他們的活動可較為固定，這種預期也可以讓幼兒較有安全感；此外，活動與活動的轉移（transition）需要有所準備，不要等「時間到了」才通知，甚至強迫孩子遵行保母的指示，如此一來，幼兒較有挫折感，而大人也會急忙結束上一個活動而進行下一個活動。

　　至於如何計畫好的活動給幼兒呢？保母不妨先從自己的經驗中構想一些遊戲，或者從孩子日常活動中產生構想，亦可從其它書本中找尋靈感，不過這些活動要能符合孩子的年齡及能力（age-appropriateness）。安排活動的層級須適合孩子不宜太高或太低，太高容易造成孩子有挫折感，太低則讓孩子失去玩的動機。此外，在團體中幼兒的特質也是不盡相同的，宜尊重孩子的意願及注重個別差異。不過不管你是否有固定的作習時間，有關孩子的活動及特別之行為，最好可以記錄下來，一來可以記錄孩子的發展傾向，作為參考或與

表1.5 受托幼兒的一天的作息表

建議時間	建議活動
上午時段	
7:00-8:30	幼兒抵達，自由活動，吃早餐或準備餐點，與家長分享
8:30-9:30	餐後梳洗，餐後整理，與幼兒（年齡較大）討論一天的計畫
10:00	桌上活動：美勞、拼圖、串珠、樂高玩具、看圖畫書等
10:40	自由活動，戶外散步、律動或音樂欣賞
11:30	洗手、收拾，幫忙準備午餐
中午時段	
12:00	午餐，餐後梳洗，說故事，聽音樂，看書
13:00	午睡（保母可休息或作家務）
14:30	輪流起床，吃點心，自由活動
16:30	可外出散步到社區公園走走
17:30	收拾玩具，準備回家，說故事，聽音樂
可隨孩子年齡增加，增加活動時間	

資料來源：修改自蔡延治（1995）《保母媽媽》下篇，p.272。

家長討論，另一方面也可當作下一次活動設計的參考，最重要它可提供你與家長之間溝通的橋樑。有關孩子一天的作習表，（請參考表1.5）。

托育家庭管理的原則

　　托育家庭，即是利用家庭情境輸送兒童托育的服務，又可稱為家庭式的托育服務（family day care service）。而托育

家庭的管理是要兼顧自己的家庭事務以及幫助其他家庭照顧幼兒。因此，保母除了要有良好照顧孩子的專業技能之外，還要有效利用資源以及具備科學的管理能力，使自己的能力得以發揮以達成充權使能（empowerment）之效果。

　　每個人都只有二十四小時，要如何善用並安排妥當，則需要有一些技巧。這些技巧必須仰賴保母專業技能的訓練，如何使這些專業技能發揮效用並兼具照顧自己的家庭，使得自己的生活及工作能達成省時、省力並達其效能，那就需要一些科學的管理方法。以下提供幾點建議：

　　善用時間：家庭保母同時兼具兩份工作以及扮演兩個角色，親職角色，以及家庭的托育人員。其中親職角色包括了：日常打掃、整理家庭環境、餐點製作、洗衣服、照顧孩子生活起居、採購食物等。保育人員之角色包括了：為孩子準備環境設計活動、與幼兒遊戲、引導幼兒學習、生活常規訓練、進行各種觀察等。如何妥善規劃及有效率的時間運用則是相當重要的。

　　簡化家事：簡化家事的方法乃是利用科學方法來增加工作效率，換句話說，也是一種速、簡、實、儉的工作方法，這也是利用時動研究方法，將工作簡化以達到提昇工作效率。保母可檢視家中佈置是否有因設計不良而導致增加工作時間及精力。

　　資源運用：托育家庭所需之資源包括：人力、物力、自然及社會資源，而這些資源的運用也因托育家庭的需求不同而有差別。而資源之運用又可分為：工具性、情感性、資訊性，或因家庭情境之不同又可分為：家庭內及家庭外。至於保母在資源運用時宜先掌控規劃及瞭解資源所在，其次為組織資源，再來即可落實資源的執行及應用。

因此，良好的管理必須透過有效的科學方法來切實推動與演練，才能在原則中有效達成目標。

托育家庭的需求

需求之所以存在，乃因欲望未獲滿足。饒雅萍（1988）將需求定義為個人的要求，這種需求如能獲得滿足，則可以減少煩惱，增加其幸福感。而許博雄（1991），則認為需求是指個人因缺乏某些事物，而導致其生活蒙受損害，也唯有提供這些需求事物的滿足，才能彌補損害。需求之概念意謂著「基本」、「必要」，或「緊急」的意涵。

將需求的概念應用到托兒服務，實有必要澄清社會變遷下的情況及照顧子女的主要族群——婦女的需求。隨著經濟成長及教育普及，台灣地區婦女勞動參與率有逐年增加的趨勢。婦女就業的增加，反應出社會經濟結構的改變，正如產業結構的改變，而女性教育程度的提昇更有助於婦女就業時的競爭能力。因此，國家若要提昇社會經濟能力，婦女就業率的增加，應予以肯定與支持。

兒童收托兒率與婦女勞動就業率，呈現正相關（Kamerman, 1991），這趨勢也反映了婦女因就業，更加需要兒童受到照顧，而兒童受到良好的學習除了受到托兒機構在量的滿足，更需要托育品質的保證，因為兒童的托育不只反映婦女就業問題的福利需求，尚包括兒童受到良好照顧所衍生具兒童發展功能的兒童福利需求。

俞筱鈞、郭靜晃、彭淑華（1996）曾針對學齡前幼兒之托育現況做一全國性調查，實徵調查的結果發現。有關於家

庭托育部分。應分述如下：

1. 家長普通認為現行托育機構不夠多元化，只以托兒所及幼稚園為主。家長極需保母，尤其是0～2歲幼兒家長表示非常需要，而二歲以上的幼兒家長也表示，在晚上或假日也需要家庭保母的托兒服務。

2. 家長需要在地緣方面便近，例如，住家附近或交通便利的托兒機構，尤其家庭式的托兒也受家長所青睞。

3. 家長認為托兒服務機構不是只有教育的功能，而是希望機構能夠教導常規、生活自理能力、社會技巧訓練、加強幼兒衛生保健工作等。

4. 良好的托兒品質落實托育服務人員的專業倫理，確保托兒服務人員的教保技能，對幼兒的教養態度和互動關係，以及也需要提供親職教育的功能。

5. 家長認為托育環境要符合安全標準，其次要配合兒童的發展來安排情境與規則以及戶內（外）的空間。

至於對托兒服務現況問題，急亟改進的有：

需求面

1. 托兒費用偏高，極需要政府給予補助費用或免稅金。

2. 廣設托育（兒、嬰）機構，及促使機構普遍化及多樣化。提供訓練或在職教育的機會，甄選合格的托兒人員，並規劃托育人員進修的管道。

3. 政府應嚴加督促托兒機構立案，進行評鑑，並且注意幼兒安全問題。

4. 建立托兒人員的證照制度，及明確托兒法規與政策。

提供面

1. 政府應提供進修管道及訓練機會，以加強托兒機構人員專業知能。補助托兒機構的財務收支，多與機構聯繫並幫助與各級機關協調。簡化立案申請及修改不適宜的相關法令。

2. 機構希望政府能擴充托兒人員職前訓練管道，提昇托兒人員地位，提高待遇，加強對機構監督與管理。並提昇行政效率，取締未立案的托兒機構，或輔導立案。

3. 政府應提供比較專業的訓練場所，定期舉辦講座，教學觀摩，以提昇托兒人員的素質。

行政面

1. 開闢進修管道，將托兒人員納編及建立托兒專業證照制度。

2. 增加有關托兒行政執行的預算。公立機構應提高收費標準，對於私立機構應加以輔導及補助開辦費用或是專業進修的費用。

3. 修改不適宜法令，以幫助私立機構合法立案或促使民間團體加入托兒服務行列，尤其是托兒所設置辦法。

4. 應設托兒專責單位與人員，釐清中央及地方政府的權責，並且加強與其他行政單位的協調。

5. 宜多利用媒體加以宣傳，並公布評鑑優良的名單，供社會大眾參考。

6. 對機構應著重在輔導、監督重於取締的措施。不是只有一年一度的評鑑而已。

7. 機構應提高托兒人員的專業能力之品質，聘用合格托兒人員，提高師資待遇，加強場地安全，兼顧教保品

質，不能只注重營利或幼兒智能的提昇。

托兒服務未來政策的建議

需求面

家長們認為政府應制訂相關托兒服務政策，例如，兒童健康保險、輔助托兒費用、托兒費用減免稅額、托兒服務專業人員證照制度、建立托兒機構專業審核制度、家庭假、育嬰假、企業托兒等法令與制度。

提供面

機構人員認為提昇托兒品質應制定收費標準，托兒人員的薪資標準，修定不適宜的托兒法令，例如，立案申請、建立專業人員證照制度、托兒人員應加以納編、提供托兒人員升遷及進修管道。

行政面

執行監督及輔導托兒機構的行政人員，一致認為為了提昇我國托兒服務的品質，應朝向建立托兒服務專業人員證照制度、托兒機構專業審核制度、托兒費用減免稅額、彈性工時制度、家庭假、兒童健康保險、企業托兒、育嬰假等政策。

綜上所論，可以發現，當前我國的托兒服務，不管在服務品質及內容亟待改善，此外現行法令、制度又不合時宜、不符需求（例如，立案申請），未立案的托兒機構充斥，卻又無法可管。另外，托兒人才大量流失，培訓不足，整體托兒政策，例如，托兒人員納編，證照制度，育嬰（兒）假、家庭假、兒童津貼制度等也沒有明顯訂定，使得托兒問題無法

徹底解決。這些更是未來提昇托兒服務品質的首要條件。如此，不但可爲現代父母解決托兒的難題，也能爲下一代的健全發展奠定良好的基礎，更能提高就業率與勞動率，促進經濟生產力。

　　此外俞筱鈞等人（1996）亦在針對家長詢問有關他們對現行托兒服務的滿意程度發現，大多數的家長對於服務內容大致趨向滿意，此結果與台灣省政府社會處（1994）對全省家長針對托兒所遭遇的困難發現：有62.2%家長表示托兒上完全沒有問題，最大的托兒困難是保母難尋等報告是一致的。目前家長對托兒困難解決除了沒有問題，不必處理之外，以自行解決的居多。其次爲找親戚代爲解決，向政府機構及民間諮詢者幾乎寥寥無幾。這發現值得探究，到底目前我國家長對於托兒現狀是滿意的，還是因爲無管道可尋而自行照顧子女或尋求社會支持以「補充親職功能不足」？現今社會中，對我國托兒問題也有不斷的呼聲：例如，聯合報在民國八十三年九月二十二日第十六版曾以：「體檢北市托育政策：所托非人，民眾托兒煩惱多」爲標題，來提醒社會大眾：我們極需一個高品質的托兒環境。

　　馮燕（1995）指出：台灣地區兒童托育服務目前的使用率，有逐年升高的趨勢，各種類型家庭托育的需求，亦有明顯的增加，就如聯合報（民87年10月17日）亦指出目前五歲幼兒就園率高達96%，四歲幼兒就園率91%，三歲幼兒就園率已有60%。馮燕（1998：100）更指出：托育服務的提供者，在社會福利領域中，大致可分爲：托兒所、兒童托育中心、家庭式保母、兒童發展中心和少數機構。此外，眾多屬教育體系的幼稚園亦承擔了幼兒托育的功能。從諸此服務類型，吾人可確定印證台灣托育教育環境的確存在——多樣化

的服務提供市場。然而，馮燕（1998）更進一步檢視有關托育服務之文獻指出：造成目前托育雜亂無章及供需不調和之困境，原因有三：（1）托育服務的供給與需求差異太大；（2）相關托育政策法令的不完善；及（3）托育服務之管理不完善，以致造成托兒所及幼稚園之功能及定位不明，托育人員的素質及福利待遇不佳，人員流失太快及太多，特殊兒童托育的困難和托育功能不能彰顯，托育機構不夠多元化及不足，以及國家責任模糊等相關議題。

兒童不僅是國家未來的主人翁，更是國家未來的棟樑。而兒童因心智、能力及生活技能未臻成熟，尚不能獨立生活，加上社會變遷造成家庭結構及功能的轉變，而使得兒童不能獲得妥善的照顧和保護，當兒童未能獲得最佳身心保障之時，國家社會必須要保障其身心權益。促進其正常教育，這也是兒童福利立法之最主要精神。托育服務本身固具有促進兒童發展與協助父母養育兒童之雙重任務，它既是婦女的福利，更亦是兒童福利。

到底合格的托兒應需涵括那些內容？在美國品質的建立在三個「p」的基礎上：人事（personnel）、計畫（program）以及硬體設備（physical plant）（郭靜晃、吳幸玲，1993：303-305）。

保育人員必須有兒童發展方面的訓練。他們必須具有觀察幼兒工作的經驗，以及將自己的知能有效地傳授給兒童父母的能力。如果他們得到有關自身角色的恰當教育，他們將會懂得如何作為一個具有敏感性關懷的成人，並發揮角色功能，例如，他們會知道如何提供適合幼兒發展的經驗，如何擴展幼兒的興趣以便促進認知和社會性的發展。這樣的照顧者會重視幼兒體驗控制感的需要，並為訓練自主能力提供各

種機會。他們會理解所有的象徵性活動對幼兒智力和情緒幸福感的作用，並能透過不同的媒介來促進想像遊戲。他們會期望幼兒具有強烈進行身體活動的願望，並會贊成活潑的活動。他們還會期望幼兒具有強烈的得到愛和讚賞的需要，並會慷慨地給予幼兒慈愛。在熟悉了幼兒在氣質、學習風格、情緒表現和精力上的個別差異之後。會為這些差異而設計不同的活動，也會鼓勵幼兒瞭解並重視彼此間的差異。

計畫（program）的重點在不同的托育家庭可以是不同的。但是，高品質的計畫應該顧及兒童的整體發展。包括：生理、情緒、智力和社會性的發展。因為兒童需要有機會以體驗多樣性的經驗，所以計畫應該為幼兒提供各種各樣的感覺經驗，使幼兒體會到社會的多元性與變化。計畫應予結構化，以使其具有可預測性。這意味著應遵循一個有計畫的日程表，其中的一些常規步驟是幼兒能夠預料的。計畫還應具足夠的靈活性，以便能對群體的興趣和需要之變化反應。活動的設計應適合於幼兒的不同發展的能力。這樣，當幼兒還沒有達到某種技能時也不會被排斥在外。

為了發展能促進歸屬感和友誼的社會技能，幼兒應該有機會在成人、幼兒群體中，以及兩者之間互動，並且有機會與成人進行一對一的互動，或是有自願獨處的時間。計畫應該包括許多能促進溝通、為幼兒進入讀寫環境作準備的策略這意味著：應鼓勵幼兒用言語表達自己的思想和情感，描述自己觀察到的事物，大聲地作計畫、講故事並對故事反應，透過詩歌、音樂、舞蹈、戲劇和藝術來體驗表達的方式，探索印刷類的材料，以及瞭解口語和書面詞語之間的關係。

然而，所有高品質的托兒家庭都具有某些物理特色即硬體設備。它們有足夠大的活動面積，當天候不佳時，讓幼兒

在室內安全地進行大肌肉活動。室外空間的規劃應力求方便，以利於隨時使用，並不受環境中的意外發生的人、事、物之干擾。以使兒童在該環境中能儘量自主地生活。應有安靜的地方供幼兒睡覺，也應有不受他人干擾的地方，以供幼兒獨處，同時又不走出照顧者的視線範圍。光線、溫度和通風情況應能使幼兒活躍的玩耍時不會過熱，同時又能在地板上舒適的活動。材料應是耐用的。幼兒的探索活動，不應因為害怕他們會損壞設施而受到限制。幼兒有機會擁有能保留個人物品的特殊小房間、小角落、有鎖的抽屜或架子，以此來標示某些地方是數於他們自己的。

除了這些要素之外，保母應多與家長分享、溝通。彼此間的互動，將有助於孩子的生長與發育。父母會在家庭中進一步延伸托兒時的活動，並瞭解兒童在發展上取得的進步。

綜合上述的資料，台灣托育服務的需求由於各種立場及目標不同的利益團體（interest groups）而有不同的需求。而目前我國六歲以下學齡前幼兒之托育需求可反映出四大目標：（馮燕，1995）

1.以兒童的家庭為中心。
2.提高托育品質為要。
3.弱勢家庭及有特殊需求之兒童為優先。
4.需同時推展婦女福利，支持母親就業。

因此，十分明顯的在我國目前社會中保母所執行的托育服務已成了迫切需求，並且是未來發展成專業化，多元化的必然趨勢，如何有效管理與規劃，以因應托育服務的需求，則更有待大家的共同努力了。

參考文獻

中文部分

內政部（2000），《兒童及少年福利促進委員會八十九年第一次會議－內政部兒童局工作報告》。內政部編印。

內政部統計處（1990），「國家生活狀況調查報告」。

內政部統計處（1993），《中華民國八十一年台灣地區兒童生活調查報告》。台北：內政部統計處。

內政部統計處（1993），「臺灣地區兒童生活狀況調查」。

內政部統計處（1997），《中華民國八十五年台灣地區兒童生活狀況調查報告》。內政部統計處編印。

內政部統計處編印（1993），《中華民國八十二年內政統計提要》。台北：內政部統計處。

天下雜誌（1999），海闊天空III－二十一世紀從零開始。

王麗容（1994），「婦女服務需求評估報告」。內政部委託研究。

王麗容、林顯宗、薛承泰（1995），「婦女福利需求初步評估之研究」。內政部委託研究。

台灣省政府社會處（1994），《社政年報》。

行政院主計處（1992），「中華民國台灣地區社會指標統計」。

余多年（1999），各國學齡前兒童照顧支持政策之研究。國立中正大學社會福利研究所碩士論文。

李安妮（1998），婦女服務。「1998年國家婦女政策會議：兩

性平權跨世紀」。財團法人婦政策發展文教基金會。

俞筱鈞、郭靜晃、彭淑華（1996），「兒童福利政策之研究」。行政院研考會委託之研究。

許博雅（1991），台北市福利需求意有之研究－認知模式檢證與需求差異剖析。台大社會研究所碩士論文。

郭靜晃（1998），兒童托育服務輸送之檢討與省思。邁向二十一世紀社會工作管理專題研討會。私立東海大學。

郭靜晃（1999）邁向廿一世紀兒童福利的願景－以家庭為本位，落實整體兒童照顧政策，《社區發展季刊》，88，118-131。

郭靜晃、吳幸玲（譯）（1993），《發展心理學》。台北：揚智。

單驥（1998），婦女經濟自主權。「1998年國家婦女政策會議：兩性平權跨世紀」。財團法人婦政策發展文教基金會。

彭淑華（1995），影響父母二十四小時兒童托育決策相關因素之探討。《東吳社會工作學報創刊後》，275-305頁。

彭懷眞（1996），《婚姻與家庭》。台北：巨流。

馮燕（1994），兒童福利。內政部：全國社會福利會議。

馮燕（1995），《托育服務：生態觀念之分析》。台北：巨流。

馮燕（1999），新世紀兒童福利的願景與新作法，《社區發展季刊》，88，104-117。

黃俊傑（1990），台灣家庭型態的變遷－以新莊為例，《台大社會學刊》，20，107-1425頁。

劉邦富（1999）迎接千禧年兒童福利之展望，《社區發展季刊》，88，97-103。

蔡延治（1995），《保母媽媽》，台北：信誼基金會。

謝高橋（1980），家戶組成、結構與生育。台大政大民社系人口調查研究室。

羅紀瓊（1986），已婚婦女勞動參與的省思，《經濟論文叢刊》，14(1)，113-130頁。

饒雅萍（1998），加護病人家屬需求及其影響因素之探討，《護理雜誌》，35，23-36。

英文部分

Kadushin, A & Martin, J. A (1998). *Child wlfare services*. New York: MacMillan Pudlishing Co. INC.

Zastrow. C. (1994). Introduction to social welfare institutions: social problems, *Services and current issues* (3rd ed.)，台北：雙葉。

2.托育環境的安全

保育工作品質是幼兒成長過程中性格塑化與社會化的重要關鍵。在托育服務中，環境的規劃與設計更是攸關保育品質的因素之一，對於在家托育的保育工作人員來說，托育環境的安全與否，不但與受托幼兒有關，也與自己的家庭生活安全品質密切相關。尤其在幼兒生活安全與意外傷害頻傳之際，如何提昇托育環境安全，增進幼兒受托品質，以促進身心健全成長，更是目前落實托育服務和安全生活的保育重點之一。

　　在這一章，將針對托育環境的重要性及安全需求滿足、環境規劃重點和原則以及安全評鑑等分別說明，以協助對環境安全和規劃評量的瞭解程度。

托育環境的重要性

　　幼兒因為環境不安全或疏忽造成意外時有所聞—— 例如，被折疊式的桌椅夾死、被浴缸中或餐桌上的熱水熱湯燙傷、誤飲清潔劑、由嬰兒床或樓梯跌落、因觸摸插座而觸電、吞食小玩具或小物品而噎住，甚至爬入烘乾機、跌落洗衣槽、跌倒撞到熱湯鍋、或自陽台鐵窗摔落地面等，這些常見發生的意外事件不但令人心驚膽顫，也讓人思考幼兒成長環境安全規劃的重要性與急迫性。然而，除了父母與家人之外，托育人員更是最容易感受到這股照顧幼兒上的重責大任與壓力。此外，父母和保育工作人員多半認為，會導致幼兒意外事件發生的因素必定是十分明確顯著的，也是容易避免的，其實不然，在平日居家環境中就已經潛伏了許多容易被忽略的危險因素，所以要造就一個安全的托育環境，就必須

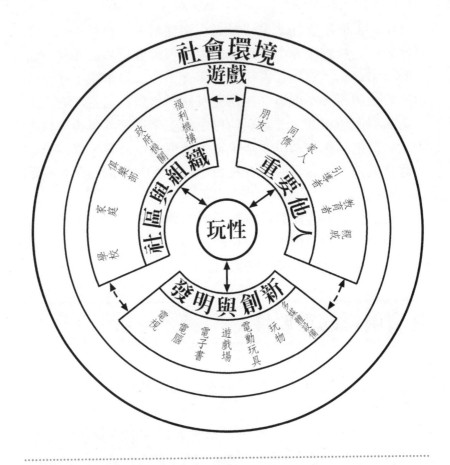

圖2.1 幼兒玩性與社會環境的互動關係

資料來源：劉秀娟（1996:167）修改自T. E. Aguilar (1985). Social and environmental barriers to playfulness. *When children play*, p.74

　　先瞭解托育環境的重要性，才能使環境安全與幼兒的發展狀況相互配合，使潛在不明顯的環境中危險因素得以事先控制，如此才能有效、非一成不變地防範意外的發生。

　　幼兒在成長的過程中，自脫離母體而來到世界，本身就與環境產生了十分密切的關聯，對於襁褓中的嬰兒、爬行學

步的幼兒、好奇探索與富實驗精神的學齡前幼兒來說，環境正是他們成長與發展的必要因素和必然存在的條件。例如，從幼兒性格發展來看，幼兒的玩性（playfulness）就必須在社會化（socialization）的過程中不斷地和社會環境互動，並且透過遊戲行為（play）中使幼兒的各項發展更加完整，當然這一良好發展必須是在安全無虞的環境下才能夠圓滿達成的。如圖2.1所示，在幼兒成長環境內就有一重要因素，即為幼兒發展上必然存在的重要他人，包括了：朋友、同儕、家人、引導者、教育者和家人，在這些角色中，托育保育人員就身兼數項，可見在幼兒發展與環境之間，保育人員是必須基於幼兒需求考量作必要的介入與控制，才能提供適切的托育服務。因此，良好的托育服務品質，是必須加上環境品質的規劃，其中最重要的，莫過於是安全上的要求和考量了。內政部統計處在民國八十四年針對台灣地區的父母調查兒童生活狀況，其中家長認為保母應具備條件依重要度之優先順序為：育兒經驗（56.94）。身心健康、生活規律、無不良嗜好（41.80）。具愛心、耐心、喜愛兒童（35.20）。住屋環境整潔、安全（24.80）。瞭解不同年齡階段孩子的需要與行為發展（22.99）。（內政部統計處，1997）。

　　托育家庭原就是扮演著支持與補充家庭功能不足的角色，所以對於受托兒童來說，托育家庭就好比是他們的家一樣，幾乎大部分的社會化和發展都與托育家庭密切相關，因此由圖2.1的資料中可以發現福利機構（例如，托育家庭乃是提供托育服務的單位與機構之一）和家庭是並列於社區和組織中的領域，這正是提醒我們，在整個與幼兒發展相關的大環境中，代表福利機構的托育環境就如同幼兒的原生家庭般，扮演了安全維護的重要責任。那麼，究竟托育環境有什

麼重要性呢？現就受托嬰幼兒的發展來加以說明。

生理發展 （biological development）

從嬰幼兒的生理發展來看，幼兒的身體的、身軀的和動作發展都與成長的環境相關，因為發展是來自遺傳和環境的交互作用，所以當幼兒在生理發展日漸成熟時，就會與環境（尤其是物理環境）互動頻繁。例如，爬行、學坐、學步等，因此托育環境的適切規劃就明顯重要了。

語言和認知發展 （language and cognitive development）

當幼兒牙牙學語時，學習（learning）的效果更加明顯呈現，同時在認知發展上，也更加與環境互動密切。例如，在幼兒發展物體恆存性概念時，當他發現球滾到桌子底下時，就會追隨過去尋找，並且翻動四周的物品，因為在認知發展上來說，他明白球不是不見了，只是被擋住或蓋住了，於是當他想要那個球時，就會不顧環境是否安全（也許桌上有熱湯）地去尋找。

社會和情緒發展 （social and emotion development）

幼兒的社會發展同樣地可以用圖2.1來解釋。當幼兒在發展依附關係（attachment）時，是與重要他人有關，然而良好的托育環境設計，則會使得托育工作者較為放心地讓幼兒在環境中去探索，並且良好的環境規劃（例如，活動動線）可以使托育人員一面管理家務（例如，準備受托兒童的換洗衣物、餐點）一面和幼兒玩、陪伴幼兒，對受托幼兒和保母來

說，妥善規劃並且安全性高的環境，正是提供良好社會與情緒發展（例如，依附關係）的重要條件。

綜上所言，我們若由發展的角度來看托育環境的重要性，則明顯地可以發現環境對幼兒的行為有強烈的暗示性，可以導引行為發展的內涵與方向（戴文青，1995），例如，幼兒發現球在床底下，則會在嘗試錯誤下發展用手或物體去搆球，而不是只想把身子鑽進床底下，因為床「告訴」幼兒，這裡有些限制存在。就如同心理學者Sommer（1974）所說的，人一旦離開環境，便無行為可言，就好像在子宮也是一樣的。可見托育環境對受托幼兒來說，無論由發展上或是社會化來看都是非常重要的。

環境規劃的重點與原則

在第一節中筆者略述了有關托育環境對於受托兒童及托育家庭的重要性之後，筆者也認為環境安全乃是規劃托育環境的首要之務。根據國內學者謝園（1993：61）報告指出，一至十四歲的幼兒（兒童）死亡的原因以傷害為首位（43～55%），其中交通意外和溺水為前二名，但若就急診單位的統計來分析則可以發現「墜落」占首位，利器、銳器傷害次之，而撞擊和夾傷則為第三位；其傷害的順序或因年齡而有所不同，但均與環境設施規劃不當或保育人員行為不當（例如，疏忽）有關。其中發生意外的場所，以家庭為第一位（41.2%），其次為校園（26%）與街道（12.9%）。此外，白璐（1991年，引自謝園，1993：62）調查後發現，在家庭意外傷害中有64.7%是因為墜落所造成的，在這些案例中，有二分之

一的比率是發生在家庭中的客廳。

　　由上述的統計數據我們可以發現，在幼兒成長過程中，環境的安全已經成為幼兒能否安全成長的重要條件，其中又以照顧者（父母、保育及托育人員）和環境規劃為主要因素。進一步來說，除了父母在家照顧幼兒必須留心之外，在家托育等托育家庭的保育工作者更應注意托育品質（避免人為疏忽）和環境規劃，尤其托育家庭可能同時提供數位幼兒（含自己子女）托育服務，如何在幼兒年齡與個別差異下，善於規劃托育家庭中的環境，以提供安全、高品質的托育品質，並且達到資源的有效運用和管理，勢必成為托育人員必須事前掌握的。現就環境安全的角度，來說明托育環境規劃的原則和重點。

托育環境規劃的原則

　　對在家托育的保育人員來說，家中可能仍有幼兒子女，或者子女都已進入學齡階段，甚至於子女已經在大專就讀或已經就業，不論托育家庭中的成員變異情形為何，當托育環境有其存在的必要時，就必須以受托幼兒的發展及安全需求為最優先的考慮，這不僅是受托兒童的權利，同時也是托育家庭提供福利服務的義務。所以，在規劃托育環境時，必須以受托幼兒的安全及發展為主要原則，當然若能兼顧托育家庭其他成員的需求更好（因為受托兒童等於是在此一環境中成長、社會化），如果無法兼顧，則必須以受托幼兒的安全與發展需求為環境設計的準則，其主要規劃的原則為：

在受托幼兒未進入托育家庭之前便先著手規劃

　　托育人員在接受訓練時，即應對未來如何提供托育服務

作生涯規劃，尤其應該避免「邊做邊學」的心態，因為托育服務所針對的對象是受托幼兒及其家庭，是人的部分，更不可以輕忽對待，當然，有許多經驗是來自做中學，然而，在訓練的過程中，就應事先（在受托幼兒進入前）規劃環境安全，做好安全防範，才能避免意外的發生，這對受托幼兒和托育家庭的保育人員來說，都是互蒙其利的。

以幼兒的眼光來規劃環境安全

　　幼兒是十分好奇的，在他的成長中，環境就好比是充滿刺激與新奇的世界（Spodek & Saracho, 1994）。所以，如果能以幼兒的眼光來規劃托育環境，更能達到防範意外的有效性。例如，坐在地板上，以幼兒的眼光來環視周圍環境：那些櫃子邊桌角下懸垂的電線看起來好好玩；水槽下的那瓶清潔劑看來風味絕佳。嘗試運用想像力，想想哪些物品會引起幼兒的興趣，那麼在安全防範的規劃上，將是正確有效的開始。

預見幼兒的發展階段

　　在幼兒發展等相關訓練中，我們明白幼兒的發展有其順序與階段，其中雖有個別差異，然而我們可就其發展的普同性原則來預測嬰幼兒的發展，以便達到事先規劃環境、防範意外的功能。例如，五、六個月大的幼兒開始學習爬動，單獨放在床上或沙發椅上是十分危險的，因為在幼兒練習挪動軀體時，再大的床都是危險的，容易墜落的。另學步期的幼兒，舉步而行帶來了他們探索世界的更大信心，也強化了他們對有興趣物品的碰觸，然而，他們並不是那麼熟練地可以挪動雙腳來平衡自己的重心。

規劃安全的環境，並不保障絕無意外發生，所以規劃要保持彈性

事先預防是托育人員必要的概念，但是並不代表意外就絕對不會發生，所以在規劃時，絕不能因噎廢食，反而限制幼兒探索的樂趣。此外，更應保持謹慎的心，隨時因應受托兒童的情況來更動設計，讓規劃更具彈性。例如，動線的規劃可因應幼兒爬行、學步期、跳等不同階段而做修正。

環境的規劃必須具備意外處理的概念。

任何的規劃，即使再完美，也會因為環境使用者的變化而改變（例如，幼兒成長，托育家庭成員變動、購買新設備或淘汰舊家具等），因此環境的規劃充滿了挑戰性和潛在因素的不確定性，所以，托育人員必須具備意外處理的概念和能力，以便規劃和執行環境上的防護。例如，急救設備應安置在哪裡？是否在每一個區域或房間備有急救用品？急救用品的安全性（期限、擺放位置）如何？這些都是在規劃時必須注意的原則。

托育環境規劃的重點

如同前面五項規劃原則所澄清的，在規劃托育環境時，除了考量安全性之外，更應具備彈性及緊急危機處理的能力，由於在家托育服務的環境以托育家庭為主，鄰里社區為輔，因此，筆者參考林惠清、林惠雅（1989）與陳娟娟、張禮棟（1994）等相關資料就托育家庭內的環境、設施來討論安全環境規劃上的重點，並進而討論社區環境的安全。

廚房

廚房是托育家庭中保母最常去的地方，調理飲食、沖洗奶瓶、洗滌嬰幼兒用品，甚至於帶著受托幼兒一起處理家務工作。對於學步期的幼兒來說，這裡也是一個充滿新奇有趣的地方，除了有關愛他的保母之外，還有一些十分有趣的「玩具」。同時，幼兒隨著年齡增長或觀察學習，偶爾也熱心的想要幫忙大人做些事，不幸地，廚房卻隱藏著許多潛在的危險──發燙的爐子、銳利的廚具刀刃、有伸縮電線的小家電和有毒的清潔劑等。

正因為廚房是托育環境中重要的補給站與重心，所以在規劃上就必須注意一些事項：

◎烹飪器具的使用

1. 烹煮時，爐上的鍋柄要朝內擺放，以避免碰撞或是勾到而打翻。
2. 油炸食物的器皿必須放在靠近牆或內側的爐面上，以避免熱油濺出。
3. 使用後的烤盤須立即沖泡冷水；用畢之微波爐、烤箱、電（子）鍋、果汁機須立即拔掉插頭，並且避免幼兒觸及。

◎鍋盤器具的貯藏

1. 任何器皿的擺放和貯藏，必須依據上輕下重、上小下大的原則來擺放，也就是較笨重較大的餐具器皿放在離地面近，不易掉落的地方。例如，櫥櫃下層宜放置燉鍋、砂鍋等，上層再放餐盤、湯碗等。

2.易碎器皿或銳器，例如，刀、刨刀、剪刀、食雕器等宜放在幼兒搆不到的較高抽屜或櫥櫃，但必須將器具依序固定，以防止不慎掉落。

3.廚具的抽屜須安裝防範兒童使用的安全鎖（五金材料或廚具公司均可買到），以防止幼兒好奇去拉開抽屜。

4.水槽下不要放置任何物品，一般人習慣將清潔用品放在水槽下，這是十分危險的。清潔用品可另以貯藏間或高處存放，避免讓幼兒去玩耍。此外，所有的物品均須貼上標示清楚的標籤，提醒自己或其他使用者注意，例如，標示內容物、是否具毒性、是否爲高溫易燃物、不慎使用時的急救步驟和使用期限與限制等。

◎垃圾的處理

當環境中有位幼兒，垃圾量是十分驚人的。在目前的居住空間與垃圾處理並不是十分完善的情況下，保育人員就必須在既有的垃圾處理方式上加以注意安全的規範，才能儘可能避免幼兒受到傷害。

1.垃圾筒宜固定，並且使用固定型式的蓋子。避免使用可拉合、自動關閉的垃圾蓋，以免年幼的兒童不慎夾傷手指。

2.丟棄尖銳物品，例如，破的奶瓶、罐頭蓋等，一定要以舊報紙包住，以免劃破垃圾袋割傷幼兒或是其他家人。

3.垃圾袋宜收好，避免讓幼兒將塑膠袋等拿來玩耍，可以避免窒息與滑倒意外。

◎地板

　　由於幼兒年齡小，又喜歡四處移動，因此，保持地板的衛生、安全是托育環境規劃十分重要的一項。

1. 如果地上濕滑，例如，打翻飲料，幼兒尿濕、吐口水，就必須立刻擦洗乾淨，以免滑倒。
2. 地上若有小東西，例如，小糖果、小髮夾、牙籤、小玩具等，要隨時清理，因為幼兒是十分容易發現並且好奇地去嘗試品嚐。
3. 地板若舖有小塊地毯，需具備止滑功能，以免幼兒滑倒。
4. 在清潔地板時，宜除塵後以清水擦拭即可，避免使用清潔劑弄得一地皂泡或者使用打臘清香霧劑，使地面過滑或室內充滿化學劑。

◎電器

1. 懸垂的電線是十分危險的。不論電器是否在使用中，都應將電線固定放好。固定的電器，例如，電話、電視等，宜以U型釘（五金材料或水電行、超市均有代售）固定；非固定使用的電器電線，例如，電暖器、吸塵器、熨斗、吹風機等宜隨時注意電線所經之地，避免絆倒幼兒或其他物品而導致危險。
2. 熨斗使用中不宜離開（例如，接電話或關爐火），使用後也要安全收好，以免餘溫燙傷幼兒。
3. 冰箱中的藥品或小食品須放在幼兒拿不到的地方。關冰箱時要注意身旁的幼兒，以免在關門時夾傷他的小

指頭。此外如有廢棄的舊冰箱宜將門把上鎖，以免幼兒玩耍而被反關在內窒息。

4.微波爐和電磁爐是時下相當普遍的家電，也是十分便利的好幫手，要確定不使用時插頭要拔掉，熱湯等要挪至安全檯面。

5.開飲機要注意放置高度，在使用熱水時，也必須留意幼兒是否爬或坐在附近。

客廳

對許多托育家庭來說，客廳不但是全家人交流互動的場所，也是保母兼顧家人和受托兒童的地方。

1.避免搖晃不穩的落地燈，電風扇要罩上紗罩。

2.避免尖銳的桌角、書架和窗檻。

3.避免有毒性的植物，例如，黃金葛等觀葉植物，以免幼兒好奇誤食。

4.其它，例如，桌巾、地毯、久堆的雜物、報紙都要避免，並且隨時保持地板的清潔與乾爽。

5.暫不使用的插座插孔要蓋上安全蓋（超市、嬰兒用品專賣店或電器超商均可購得），以免幼兒以髮夾、別針之類的金屬物插入玩耍。

6.貴重的物品宜放高處並且上鎖，厚重的書籍要擺好以免掉落而傷到幼兒。錄音帶或CD盒子若有破損宜立即換新，以免幼兒拿來玩或不慎刺到。

浴室

大部分的幼兒都喜愛洗澡和玩水，當幼兒年幼轉不動水籠頭時，沖水馬桶很可能就成為他們最喜愛的玩具了。所以

浴室中的設備，例如，浴缸、浴簾、馬桶和洗手檯及櫃子就成了規劃安全環境不可忽略的重點了。

1. 馬桶必須蓋上蓋子，可避免幼兒掉落或塞入異物（例如，玩具、奶瓶或衛生紙）。
2. 浴室地板及浴缸必須鋪上止滑墊，如果很難保持浴室乾爽，那麼止滑墊是必要的，避免放一塊布吸水，那反而容易導致滑倒或絆倒。
3. 浴室中的插座插孔需有安全蓋，以避免觸電；電器使用後（例如，電動刮鬍刀、吹風機、除毛機）要立即收妥。
4. 浴室若可反鎖，則要準備備份鑰匙，以免當幼兒誤將門反鎖時可以立即進入。
5. 調低熱水溫度的設定，以避免幼兒不慎打開熱水時燙傷。另千萬不可讓幼兒單獨泡在水中。
6. 浴室中的瓶瓶罐罐必須妥善收好，避免因求使用方便而放在浴缸邊等容易讓幼兒拿到的地方。

幼兒的房間和遊戲空間

不論受托幼兒是否有專屬的房間，或是只有房間中的一隅，都應注意家具的安全性與適切性。

1. 嬰兒床必須選購國家安全標準的產品，例如，金屬配件須平滑、沒有尖銳部分，最好覆蓋安全套或用貼布蓋住。
2. 有時幼兒會去啃咬家具（例如，床的欄杆邊緣），因此確定無毒塗漆是必要的，此外，若能購買可供咬、啃的安全套蓋上則會更理想（嬰兒用品店可購得）。

3.避免在嬰兒床周圍放置奶瓶、藥罐、爽身粉之類的物品，以免不慎使幼兒拿來玩耍。

4.貯藏或放置玩具的箱子應以開放式無蓋為佳，以避免不慎夾傷幼兒，存放的玩具更必須時時檢查安全性及衛生清潔。例如，小汽車是否掉漆、破損，玩偶的配件是否牢固等，都是保育人員必須隨時注意的。

其它

如果托育家庭的家中有樓梯，那麼在樓梯口裝置鎖式欄杆及樓梯間舖設防掉落網，都是必要的安全措施。此外，家中若使用室內拖鞋，更要避免讓幼兒拿來試穿玩耍而跌倒。

房門必須能固定，如果家中是那種會自動彈回的門，就要拆除自動彈回裝置，以避免受托幼兒在保母或其他人進出之際受到傷害。

以上所提及的，都是有關於托育環境規劃時如何防範意外、保持安全的原則和重點，其實最重要的仍是需要保育人員在善盡托育服務之責時，能夠保持細心與關心，才能在以上臚列的部分之外舉一反三，畢竟每一個托育家庭和受托幼兒都有極大的差異性存在，而安全的環境規劃是必須配合幼兒發展上的個別差異加以彈性運用的。

除了托育家庭內的規劃，社區鄰里的安全也是托育人員必須留意的，換句話說，安全環境的規劃必須具備有安全的觀念與態度，所以當保母帶著受托幼兒外出購物、散步或是辦事時，就必須留心社區的遊樂設施的安全性、巷弄街口的車輛（例如，是否有車輛在倒車）等，手推車的安全性等，這些亦都是托育環境在規劃上所必須關切的部分。

托育環境的安全評鑑

在第二節中，我們瞭解了安全環境規劃的原則與重點，其實正也反映了存在於托育環境中的潛在危險因素，這也是提醒在家托育的保育人員，必須要察覺托育環境因為與住家環境重疊，必須更嚴謹地加以規範意外的發生，才不會因為意外而導致受托幼兒與托育人員的傷害。

在這一節中，我們將簡要地以評鑑項目來提醒保育人員再一次地檢視自己的居家與托育環境，以確保托育服務品質的提供。現就衛生與安全、活動空間及設備等三個部分加以澄清。

衛生與安全

對托育環境來說，衛生及安全是檢核和評鑑的首要條件，也是必須兼顧的安全要件。請確定：

1. 地面是清潔的、乾爽的。
2. 地面具有防滑功能或鋪有止滑墊。
3. 兒童進食的地方是清潔並且不易滑倒掉落的。
4. 清潔劑與藥品等標示清楚並且放在幼兒拿不到的地方，藥品是否放置在具有安全包裝的瓶罐中。
5. 電源插座有安全蓋的裝置，電線是固定的。
6. 家用急救用品（包含：家庭醫師、救護車電話號碼）齊全。
7. 沒有尖銳的桌角、稜邊。
8. 櫃子或書架安全並且穩固，不會翻倒。

9.其它以及任何你可以想到的…（不可能會發生意外的
　地方，除非你百分之百的確認）。

活動空間

　　對受托幼兒來說，托育家庭宛如他的第二個家庭，許多
發展和社會化是在這裡進行的。隨著幼兒的發展，活動需求
日增，因此活動空間的安全更是不能輕忽的。請確定：

1.幼兒的活動動線是暢通無阻，並且安全。
2.浴室有適合幼兒使用的裝置，例如，防滑墊。
3.空間不會過於擁擠，若有多位幼兒共同使用，則必須
　讓幼兒們在同一空間內有足夠的活動範圍，避免擁擠
　所造成的爭吵等負向互動。
4.玩具的清潔和完整性是否合乎安全要求。
5.其它以及任何你可以想到的…（不可能會發生意外的
　地方，除非你百分之百的確認）。

設備方面

　　托育環境中的設備是十分多樣化的，尤其對提供在家托
育服務的保育人員來說，環境設備的安全評鑑更是十分瑣碎
與不容易的。換句話說，所付出的心力也是最多的。請確
定：

1.所有電器在不使用時須遠離電源；在使用電器時須留
　意電線所及的範圍。

托育家庭的管理與佈置

2.櫥櫃、抽屜都裝置安全鎖，使幼兒不易開啓。

3.房門須固定，以免碰到幼兒或將幼兒反鎖。

4.任何房門的鎖皆有備份鑰匙。

5.在使用爐火、烤箱、熨斗、吹風機等有餘溫的電器後，必須確定幼兒無法靠近。

6.所有桌椅均避免使用有垂角的桌布或椅墊。

7.魚缸等有光有水的器皿要避免幼兒玩耍。

8.其它以及任何你可以想到的…（不可能會發生意外的地方，除非你百分之百的確認。

安全的托育環境與評量

　　安全的托育環境，除了妥善的規劃之外，仍需托育人員秉持著安全教育的生活概念來執行，才能因應多變的生活環境，其中，對於意外的急救知識更是規劃安全環境不可缺少的部分，真正的安全，並不在於安全規劃好，而是除此之外，尚能立即進行危機處理，這才能建構完善的托育環境。筆者現就受托幼兒容易發生的意外事件之急救方式略加說明於下，建議保母宜多參考相關資料與訊息。

溺水

　　萬一幼兒已經溺水，立即撥119、110並且立刻抱出溺水幼兒，首先將溺水幼兒平放，頭往後仰，保持呼吸道通暢；若已無呼吸，在消除口腔異物後施以人口呼吸，測量脈博，決定是否進行心肺復甦術，而體外按摩和人工呼吸必須同時進行。無論是否甦醒，都須送醫。

窒息

窒息超過五分鐘，就可能使腦神經遭到嚴重損傷，甚至死亡，所以具備這方面的急救常識是必須的。

1. 口鼻被封或頸部受勒，應立即排除，若未恢復呼吸則立即予以人工呼吸的施救。
2. 如幼兒為哽塞現象，先取出口中存留之物，並鼓勵幼兒咳嗽；若無法咳出，則讓幼兒垂下頭俯伏在大人前臂或膝上，一手托住幼兒胸部，另一手則敲擊其肩胛骨間背四次；若仍無法呼吸，則施以上腹推壓。在急救同時應立即送醫。

燒灼、燙傷

燒灼、燙傷的發生多半是疏忽所致，例如，洗澡時先放熱水（錯誤的）然後忘了放冷水、熱鍋熱湯、煙蒂、熨斗等，然而急救上最重要的是要摒除各種「傳統祕方」的迷思，正確地使用「沖、脫、泡、蓋、送」，立即就傷處施以大量冷水沖洗（潔淨的），並脫下衣物，例如，襪子等，並泡在冷水中，直到不痛，以清潔的衣物毛巾包裹蓋妥，緊急送醫作必要的處理。

刀器及銳利器傷害

這類意外最易造成割傷，可先以優碘消毒傷口（不必再用消毒水或紅藥水之類），並且保持傷口乾爽。如果傷口因利器生銹或髒污所致，或者傷口很深，那麼就必須立即送醫處理，由醫師視傷勢給予注射破傷風劑，以免傷口感染惡化。

跌落或滑倒

跌落與滑倒對受托兒童而言是意外的首位，也是防範意外發生的主要目標。當幼兒跌倒時要注意幼兒是否受傷，如果是擦傷，則依前述急救方式以優碘消毒處理。然而骨折和腦震盪是屬於隱藏式傷勢，必須仔細檢查，不可掉以輕心，如果幼兒手、腳、關節疼痛哭叫不休，或昏迷、頭昏、噁心嘔吐，都必須立即就醫治療。

綜上所言，托育環境的安全，不僅只在於硬體的規劃，更在於托育家庭中托育人員的危機處理能力以及預防能力，相信秉持規劃原則與重點，托育人員更能舉一反三，執行安全品質高的托育服務。

本章另摘附幼兒居家安全解量表於附錄四，祈使保母或送托家長能作一自我評量的參考（摘自行政院衛生署，1966：10-17）。此外，表2.1即表2.2提供有關居家環境安全檢核表及社區遊戲場參考檢核表（台北市政府社會局，1996）以提醒您對家中即周遭環境做一安全檢測及評量。

表2.1 居家環境安全檢核表

檢核項目	是	否

傢具房舍

1.陽台裝有60公分高以上的欄杆或鐵窗,且欄杆間隔應在6公分以下, 否則應加裝防護網。
2.陽台上和窗戶外的鐵窗平時雖上鎖,但逃生口的鑰匙應放置明顯處, 隨手可取得,以確定緊急時可保持暢通無礙。
3.定時檢視陽台、窗戶和樓梯的欄杆有無破損、鬆動或腐蝕情形。
4.樓梯欄杆間距在6公分以下,若過寬時,應加防護網。
5.傢具接合處的螺絲或樞紐力求穩固、安全,避免幼兒因拉倒或碰撞而 倒塌。
6.門栓設置的高度應讓幼兒無法觸及。
7.檢視屋內牆壁和傢具油漆情形,避免幼兒因吞食油漆屑而中毒。
8.傢具不應有尖角或突出物,否則應將該處以布或海綿包起來。
9.堅硬材質的地面加鋪軟墊(例如,地毯、海綿墊)。
10.使用經設計的防護用品以防止意外的發生。

玩具

1.玩具應經安全檢驗,具有ST標示的安全玩具。
2.玩具分類放置,體積大、重量重的玩具放在底層。
3.玩具零件不可過小(至少直徑2.5公分)或易鬆脫,以免幼兒吞食或放 入耳朵、鼻子。
4.玩具不應有尖角、釘子、鐵絲、別針。
5.坐騎的玩具(例如,木馬、腳踏車)必須穩固、平衡而不致跌倒。
6.玩具重量適中,孩子可以輕鬆操作。
7.玩具的材質應具不可燃性。
8.填充玩具縫合處連接緊密,填充物不易散出。
9.使用電池的電動玩具,電池盒應穩固不易被幼兒打開。
10.金屬玩具上的鐵鏽和部分玩具上的脫漆,容易讓幼兒誤食中毒,應儘 量避免。
11.有輪玩具的車輪和車體之間的縫隙,不超過0.5公分,以免幼兒將手 伸入夾傷。

電器用品

1. 電器用品（例如，熱水瓶、吹風機、微波爐）放在幼兒無法碰觸到的地方。
2. 瓦斯熱水器裝置在室外通風處，且溫度控制在攝氏55度之下。
3. 電器用品的電線完整未破損。
4. 長電線或延長線應收起來或加以固定。
5. 瓦斯爐或瓦斯筒裝有瓦斯防漏偵測器。
6. 電動鐵捲門開關應置幼兒不易觸及處，且有自動斷電設計。

交通工具

機車：
1. 戴上安全帽，以防止意外發生，傷及頭部。
2. 使用有安全帶的安全座椅固定在後座。
3. 下車時，注意不讓幼兒接觸發熱的排煙管和引擎。
4. 停放機車時，注意不讓幼兒推拉機車，以免被壓傷。

腳踏車：
1. 教導幼兒騎車安全技巧。
2. 確定幼兒已有交通規則的觀念，並能遵守。
3. 選擇安全的公園、運動場或空曠處騎車。

汽車：
1. 六個月大的嬰兒，必須坐在面向後面的嬰兒安全椅上，並用汽車安全帶加以固定。
2. 五歲以下的幼兒，坐在固定於汽車後座的安全椅並繫上安全帶。
3. 五歲以上的幼兒，可直接坐在汽車後座，並繫上膝部安全帶。
4. 不讓幼兒頭手伸出車窗外。

物品放置

1. 設置急救藥箱，且放置在幼兒不易取拿的地方。
2. 緊急求救電話表放於明顯的地方。
3. 殺蟲劑、清潔物器和其他有毒化學物品，放置高處或鎖在櫃子裡。
4. 刀子、剪刀、指甲切刮鬍刀等尖銳物品應放置安全的地方。
5. 化妝品放置隱密的地方，避免小孩接觸。
6. 火柴、打火機、針線放在幼兒不易看見及拿到的地方。

檢核項目	是	否
7.塑膠袋和保鮮膜要收放妥當，以免幼兒套在頭上玩耍而窒息。		
8.家中工具類物品（例如，螺絲起子、釘子、鋸子）要收放在安全的位子，避免堆放雜物，以防幼兒撞傷或跌傷。		
9.珠寶、領帶、領巾和腰帶等都放置妥當。		
10.避免使用桌巾、墊布。		
11.移開有毒植物（例如，黃金葛、萬年青、聖誕紅、夾竹桃等）。		
12.三歲以下孩子，儘量少給易發生哽塞的食物，例如，爆米花、花生、整粒葡萄等。		
13.為幼兒選擇合身且不易燃的舒適衣物以減少危險性。		
14.餵幼兒食物之前，確定溫度是否適當。		
15.馬桶上裝置適合幼兒使用的小馬桶，以免幼兒跌入馬桶。		
16.浴盆水不用時，應立即將水放掉，不可儲存。		

註：托兒機構可將本表印製成小單張，提供家長參考。

資料來源：摘自台北市政府社會局（1996），家庭與社會，《托育機構安全百寶箱實用手冊》。台北：台北市政府社會局。

表2.2 社區遊戲場參考檢核表

項目	是	否
1.遊戲設備下的地面鋪設有10～12吋厚（約25公分～30公分）的軟墊。		
2.場地沒有垃圾、尖銳物品，及動物排泄物。		
3.所有的遊戲設備至少相距8呎（約243公分）		
4.沒有銳利的邊緣、鬆脫的連接處、暴露的釘子或螺絲的頭。		
5.設備對孩子的大小和發展是適合的。		
6.鞦韆和其他設備最少相距9呎（約274公分），同時距離牆壁、走道和其他的遊戲區域至少9呎（約243公分）。		
7.鞦韆之間至少相距1 1/2呎（約46公分）。		
8.溜滑梯應該有8至9呎（約243公分～274公分）的活動空間。		
9.溜滑梯的高度不超過6呎（約183公分）而且滑梯邊緣至少有2 1/2吋（約7公分）高度。		
10.溜滑梯的上端要有圍欄的平台，讓孩子休息或是進入。		
11.溜滑梯的階梯有平坦，而且兩旁有扶手。		
12.溜滑梯在底部要接一個平坦的地面，讓孩子慢下來。		
13.溜滑梯滑行道的傾斜度要等於或小於30度角。		
14.金屬遊戲設備必須有遮蔽以避免過熱。		
15.木材遊戲設備的表面可以塗蠟或塗油，避免過於粗糙。		
16.遊戲設備不得高於6呎（約183公分）。		
17.遊戲設備的缺口要小於12～24公分，以免孩子的頭陷入。		
18.攀爬階梯途上明亮的色彩讓孩子容易看到。		
19.鞦韆座椅和鏈條的接合點應用塑膠管覆蓋。		
20.懸掛環（吊環）的直徑小於或大於孩子的頭。		
21.在蹺蹺板之下放置橡皮輪胎或木塊，使腳不會被夾到。		
22.沙箱位於陰涼處，有平滑的框，而且不使用實應加以覆蓋。		
23.沙箱的沙至少每二個星期用耙子清理一次。		
24.遊戲區域沒有有毒植物。		

資料來源：本表節錄*Child care information exchange*, Sep./Oct., 94' (issue# 99) pp.64-66.

引自：台北市政府社會局（1996），家庭與社會，《托育機構安全百寶箱實用手冊》。台北：台北市政府社會局。

參考文獻

中文部分

王麗容、林顯宗、薛成泰（1995），婦女福利需求初步評估之研究。內政部研究。

內政部統計處（1993），《台灣地區兒童生活狀況調查》。

內政部統計處（1997），《中華民國八十五年台灣地區兒童生活狀況調查報告》。內政部統計處編印。

台北市政府社會局（1996），家庭與社會，《托育機構安全百寶箱實用手冊》。台北：台北市政府社會局。

台灣省政府社會處（1994），《社政年報》。

行政院衛生署編著（1996），《幼兒居家安全手冊》，pp.10-7。台北：信誼。

林惠清、林惠雅（1989），《兒童安全教育：如何防範孩子出意外》。台北：心理。

俞筱鈞、郭靜晃、彭淑華（1996），兒童福利政策之研究。行政院研考會委託之研究。

陳娟娟、張禮棟（1994），《托兒問題知多少》。台北：牛頓。

許博雅（1991），台北市福利需求意向之研究─認知模式檢證與需求差異分析。台大社會研究所碩士論文。

郭靜晃、吳幸玲譯（1992），《發展心理學》。台北：揚智。

馮燕（1995），《托育服務：生態觀點之分析》。

劉秀娟（1996），幼兒玩性與遊戲中社會發度之研究，《家庭

教育與社區發展》，pp.160-184。台北：中華民國社區發
展協會。

蔡延治（1995），《保母媽媽》。台北：信誼基金會。

戴文青（1995），《學習環境的規劃與運用》。台北：心理。

謝園（1993），兒童設施安全，《兒童安全研討會會議實
錄》。台北市政府社會局。

饒雅萍（1988），加護病人家屬需求及其影響因素之探討，
《護理雜誌》，35，23-360。

英文部分

Kadushin, H., & Martin, J. A. (1988). *Child welfare services*.
New York : MacMillan Publishing Co. INC.

Sommer, R. (1974). *Tight space*. Englewood Cliff, NJ:Prentice-
Hall.

Spodek, B. & Saracho, O. N. (1994). *Childs, play as education
right from the start: teaching children ages three to eight*.
Boston: Allyn and Bacon.

3.托育家庭的管理

◎家庭管理技巧

◎家事簡化方法

◎家庭資源網絡整合和資源運用

◎參考文獻

家庭能提供一種促進個人成長及增進心理健康的環境，尤其是提供家庭式托育服務的保母，其不僅要將個人的家庭做有效的管理，另一方面還要能發展與受托兒童的良性互動，並與受托兒童之家庭產生正向關係與合作。而托育家庭是否能形成積極的家庭環境氣氛，要看保母是否能預知家人及受托兒童和其父母的需求，組織好各種資源脈絡，運用好時間管理策略，以滿足托育家庭成員的需求。換言之，托育家庭所提供的，並非只是保母的托育技能而已，還需有效運用可能之資源及管理家庭所需的行政管理技能。

所以，托育家庭中的專業保母，除了擁有兒童福利服務相關知識技能，照顧孩子之策略，更要具有家庭管理（family management）之能力，並且落實家事工作簡化（domestic task simplification）的技能。如此一來，才能提昇保母的專業家庭管理之能力。本章共分三節——家庭管理技能、家事簡化方法及家庭資源網絡整合和資源運用，每一節除了在主題的概念介紹，並且以保母的托育家庭來舉例說明。

家庭管理技能

一個人對家庭管理的技能將影響其心理生活環境的本質，並決定著這種環境是否有利於每個家庭成員的成長發展，尤其是托育家庭的保母，除了會影響受托兒童及其家庭，更會影響個人的子女及家人的心理社會發展，除此之外，更影響個人之自我定義和成長。一個家庭管理之技能可以歸納成五種能力——評估需求和能力、決策、時間安排與

管理、目標設定及與其他社會機構建立聯繫，茲分述如下：

評估需求和能力

　　一家庭的成員不僅只有一代的人所組成，而是同時有各種不同發展階段（developmental stage）的人所組成。身為保母更需明白，針對不同人有其不同的需求，尤其來自不同年齡階段的個體，更應要有適合發展階段（stage appropriateness）及適齡發展（age appropriateness）。家庭每個成員有其自己的需要、愛好、技能和天賦。家庭成員之差異除了年齡和發展階段的差異，例如，幼兒和青春期的少年之需求不相同。除此之外，人之需求的差別，還有性別、氣質、身體技能、智能、壓力因應能力等。對於身為家庭之管理者，最大的關鍵是要瞭解家人的差異所在，並有意願地去應付每個人的需求。

　　除了滿足每個家人的需求之外，保母還要考慮家庭成員（尤其可能成為托育家庭資源者）的技能和天賦，如此一來，保母才可能要求作判斷，分派（委任）任務，而讓每個家庭成員有機會承擔家庭責任，並充分發揮個人才能，家庭成員通力合作以達到家庭之勞務分工，並開展個人才能、發揮個人潛能，以充實個人之成就感，並創造才能。

決策

　　管理好家庭，要求家人能負責，並能在生活的各個方面進行決策。進行決策要能瞭解個人所面臨各種選擇方案，評價各種選擇方案的可能性及可行性，以及選擇有效方案的能力。保母在家庭決策很廣，可能涉及個人家庭的日常生活問

表3.1 家庭決策模式

	優點	缺點
單人決策	方便 責任明確 個人有能力勝任	對執政者權力不滿 可能被譴責 領導方式有個人色彩 易感情用事 其他人沒有決策權
成人決策	透過討論來達成決議 個人色彩少、感情用事少 多樣化之觀點和意見 可增加婚姻品質	決策緩慢 孩子不能參與政策執行
全家決策	能增加全家人之經驗及個人滿足 多樣化之觀點和意見 全家之整體觀可被加強	過程慢且複雜

資料來源：Newman. B. & Newman, P. (1991). *Development through life: A psychosocial approach* (6th ed.). New York: Brooks/Cole. p.578. 郭靜晃、吳幸玲譯（1994），台北：揚智。

題，例如，吃什麼、房間的擺設、買什麼玩具，以及到較深遠及影響性的問題，例如，生幾個孩子、是否買房子、孩子的教育問題等。

　　一個人看其是否擁有資源（包括：物質、知識及能力等性質，是否受人擁戴等）足夠影響其是否有權作決策。每個家庭都有一套決策程式，例如，家中控制財政的人，通常是一家之主。一般決策之類型可分為男人執政、女人執政、成年人執政及全家執政等四種不同方式。每一種執政皆有其優缺點（參考表3.1）。

每種決策模式皆提供家庭管理者學習經驗的過程。單獨管家的人學習如何做決定、承擔責任，但相對地也缺乏或減少別人的認同和合作，如果決策是對的，有好的結果，那他／她個人也感到滿足，也受家庭其他人愛戴，同時也增加個人決策之能力。成人執政如果運用得當，能加強婚姻伴侶之間的感情聯繫，也加增個人之能力及自信，因爲在這種決策模式裏，責任和滿足是相互承擔與分享。全家執政模式要求成人既要學會如何做決策，又要學會當領導者以作爲孩子的規範。成人試著說出個人想法，讓孩子在參與決策的同時也對複雜的決議有所領驗及提供可能解決問題的辦法。

時間安排與管理

　　時間管理（time or schedule management）的良窳足以影響或造成個人及家庭的壓力。時間管理意指個人能有效安排一天的日程，有些人個性喜歡工作節奏（tempo）較悠閒，有些人較有競爭性格（例如，A型性格），較喜歡安排緊湊的時程，但一個人是否可以勝任個人的時間安排，端視個人所從事的工作及精（體）力而論。而家中任何的活動、節奏與安排都足以影響家庭成員的生活與社會化模式。當保母決定爲別人托育孩子時的決定，家中的生活作息及習慣也皆會受到波動。

　　保母在執行幼兒照顧工作時，首先要規劃自己的工作時間，如何才能評量身爲保母（一般是工作說明書或契約）是否能有效執行責任，並且能符合每個小孩的個別責任。

　　在工作時間表中，照顧小孩包含著許多不同的活動，例如，生活維持、教育休閒及彈性活動運用，保母如能多花些心思與時間做時間之組織與規劃，其實是可以節省時間，並

且也能控制自己的時間，更不會因不預期之意外事件而感到有壓力。一般說來，孩童之照顧可分為：預期內的活動及彈性時間的活動，前者如：三餐餵食、洗澡、睡覺、到公園玩或到托兒所接孩子，後者如：整理孩子用品及玩具、陪孩子玩、打掃孩子的房間等。所以說來，為了讓自己時間有彈性的應用及管理，在思考個人之工作計畫時，先確認寫下你預期的工作，評量執行工作的時間，並且利用家事簡化（在下一節再多做說明）策略一併完成，以節省時間。如果個人能力允許及不造成壓力之情況下，也可安排和其他工作一併完成，例如，利用孩子小憩之時，可以收拾孩子的玩具或可以將一大段的工作分成幾個小段時間來完成。

有效的時間管理應用到保母照顧孩子之日常生活方面，要先學習合理評估完成一個工作所需花費的時間，以及你所擁有的時間及資源（例如，人力幫手）。個人常常會低估所需時間是經常發生的事，而此種情形只會造成自己緊張，並形成壓力。所以工作要適時地完成，儘可能先行處理不喜歡的工作，如此一來，你就不用整天擔心這些事情未做完，更可能為自己列張工作清單（task checklist），確認哪些事情必須優先處理，以作為個人日程之目標設計。如此一來，可確定或提醒不會忘記做的事。而且在回顧完成工作的同時，自己也會覺得更有成就感。

有效的家庭管理為求家庭各式各樣的活動能有妥當地安排及有足夠的時間（或有效的人力資源）來完成，而這些活動（諸如：是否外出用餐、打掃房子、社交娛樂、休息）的時間安排或方式能呈現一個家庭的生活方式（life style）。

時間尺度不僅只有按日計算來安排時間，也有從週、月、季、年、人生階段，乃至整個一生的角度（例如，蓋棺

論定）來考量。在每一個時間階段裏，都會出現必然遭遇到的各種規劃問題，例如，當家裡多了一（些）孩子要照顧時，家裡會預知活動週期，會有從亂哄哄的時期到穩定進展的緩慢週期，也有受托孩子在休息（或回家）的閒散週期，甚至於如何配合孩子發展狀況來安排的每日或每週的活動安排，也要與個人及家庭成員的時間安排相配合。此外，家人的人力資源及其心理預期也有所關聯，預先的準備、告知及規劃才能化解家庭成員的情緒不滿，並充分獲得他們的諒解與支援，來幫助家庭所作決策做最好的執行。

從長遠的觀點來看，規劃人生各階段必須具有一種心理時間觀（psychotemporal perspective），也就是說，當家中成人及孩子經歷各種家庭階段時，成人開始預測需求和資源條件的變化情況，例如，當個人成年時會預定何時結婚，何時誕生孩子，而孩子長大成年後，他們何時會離開家裏，會結婚。而這些期待改變後，需求、資源與日常活動必然也會產生變化。所以說來，當個人面臨時間的推移，個人在不同人生階段中要求個人在心理上要有某些程度的定位，並提昇個人的準備與規劃，以確信個人能有能力及資源執行規劃。

預知個人在不同發展階段的改變及個人及家庭成員之需求，無形中也加增家庭的組織和分派時間的能力技巧。此外，「天有不測風雲，人有旦夕禍福」，在人生階段中也有一些不可預期性的事件（Brim & Ryff, 1980），例如，在成年中期可能要應付父母親生病，需要家人的照顧；子女結婚生子；經濟不景氣導致失業；地震或火災毀滅了家。所以說來，個人必須還要未雨綢繆，能認識到每一個人生活也有一定的風險概率。

目標設定

　　要有好的家庭管理，不但要瞭解現在，更要能預測未來。要瞭解未來，除了要有好的時間安排與管理，更要有下列三種能力：

　　1.為家庭設定現實的生活目標。
　　2.判定實現家庭目標的實施步驟。
　　3.評價生活目標的進展情況。

　　目標設定（goal setting）過程相當複雜，可能設有短程、中程及長程的目標，而這種能力更需要能力能有效預測或瞭解個人期望在未來能有什麼的生活風格。

　　當一個人在考慮目標時，會評價生活中有什麼事值得奮鬥，並為之列出優先順序（priorities）。生活目標依人文主義心理學者馬斯洛（Abraham Maslow）按人之需求可分為生理需求（physical needs）、安全感需求（security needs）、歸屬感需求（belonging needs）、自我尊重需求（self-esteem needs）及自我實現（self-actualization needs），對某些人來說其優先順序的第一優先是財富，而某些人可能是名譽，或自我期望的滿足與實現。

　　個人除在制定生活之現實目標，同時，他也要許下實現目標的承諾與決心。目標設定應要有其階段性。第一，個人要相信他們所期望的目標值得去實現，而且實際上也要能夠實現，不然使成為一幻想化的目標，雖然很誘人，但畢竟不適合他們的現實生活情境，而個人之期望是否能實現也可能導致家庭氣氛的緊張。

目標設定的第二個階段是個人實現目標的實施步驟,及有效的預測。一個人希望晚年能有所安養及希望財政能獨立,他必須在年輕時要加以存錢、投資,甚至規劃個人人生的保險。個人在進行財產投資,可能需要計算儲蓄的增值情境,並且還要預測財產隨時間的變化情況。所以說來,目標設定除了設想個人未來「希望」成為什麼,而規劃日後目標之實現過程,則應包括預測事情未來將實際成為什麼情形。

最後,目標設定需不斷評價目標所實現情況。個人設定目標、規劃目標的步驟及實施這些步驟,同時他們會意識到他們目標的進展情況。有時,可以隨個人成長的經驗及相對的時機,採用某種技能可以更快達到目標;有時目標遠比他們所預計來的難以達到,個人可能需要加倍努力或修正目標。透過目標之評價,個人學會了調整目標及改變個人努力方向,從中達到個人最大的滿足,以獲得高峰經驗(peak experiences),這也是Bandura所宣稱的個人之心理社會的自我功效感(self-efficacy)。

與其他社會機構建立聯繫

家庭管理除了要瞭解個人的目標與能力之外,還要有能預估個人及家庭的資源,尤其是保母家庭,在托育子女時,必須要能和其他社會團體保持聯繫,以成為支持網絡。這類社會團體或機構,包括:個人、家庭的其他成員、朋友、保母工會或相關協會、宗教團體、教育團體及社區團體。誠如在之前我們提及生態系統論,家庭存在於社會情境中,家庭資源必須與其他系統建立聯繫、合作以擴展家庭資源。

每個家庭對家庭以外的團體的投入有所不同(Salamon, 1977),尤其是核心家庭,因缺乏家庭成員之相互扶持,更比

托育家庭的管理與佈置

其他家庭需要外在團體的投入及獲得支持。相對地，家庭以外之機構（例如，兒童福利或教育之機構與團體）所提供之服務自然環繞社區、家庭與個人（包括：成人與兒童），此類訊息及服務的提供是透過人與人之間保持頻繁或親密的接觸，來提供諸如：資訊的提供、情感交流、心理撫慰、個人與家庭照護與精神等之專業服務。例如，兒童是否有遭受虐待或兒童產生偏差或困擾的行為，保母可透過電話諮詢、通報網絡或尋求兒童福利機構之諮詢與服務。一般的兒童福利所提供之服務，依美國兒童福利聯盟（CWLA, 1988）之定義為：透過政府及民間組織運用各自的資源與技術對兒童提供適當之支援服務，以協助兒童與其家人獲得更好的生活品質。其主要的目的有：

1. 提供兒童有安全與保護性的成長環境，以促進他們在文化及道德上之認同，並且滿足其在教育、社會、行為、發展、醫療和情緒上的需求。
2. 協助家庭發揮功能，以促使家人能充權使能（empower），而發揮良好角色功能，以充實家庭生活。
3. 協助家庭織成人與兒童發揮良好的家庭關係，發揮更好凝聚力，建立家庭情感的連結（bonds）。
4. 家人能相互尊敬、愛護。
5. 協助兒童成長後離開家或機構，能有獨立自主的能力。
6. 為機構及家庭提供醫護住的社區環境及獲得所需求之支援服務。
7. 廣結社會之其他資源，推廣社會福利服務，以支持家庭及機構。

8.當兒童不適合原生家庭，協助兒童及其父母評估安置或找尋其他照顧的選擇與決定。

　　保母家庭是兒童福利托育服務的一環，其主要責任是支持父母照顧孩子，而兒童福利之工作的保障需要社會上其他制度與機構的配合，諸如：教育、警政、司法、衛生醫療等，以保障及開展有效率及有效能的福利服務輸送工作。

　　綜合本節上述的討論，家庭管理的發展任務是個體在五個層面中對技能養成及概念學習的過程：評估需求和能力、家庭決策、時間管理與安排、目標設定及與其他社會團體建立聯繫。家庭是個人與社會環境的中介緩衝的場合，其有特殊的團員組成，它可讓成人依據個人之日常需求和長遠目標，盡最大的努力及有效的彈性運用，讓家庭成員共同創造最大的效能和發揮適應能力，以充實家庭及家庭成員之最大福祉。

家事簡化方法

　　家事的簡化有賴三項要素組成：（1）家中環境設備；（2）家庭特徵（例如，人口結構、政策執行及工作流程等）；（3）有效的人力資源。家中組織工作之達成乃著重家中人力的品質及根植家事工作的效果與效率，而家事之工作表現更與家庭內人員有效利用及有效的家庭管理技能息息相關。家事的本質是受到許多因素的影響，例如，有些工作是因事置人，而有些工作是因人設事。雖然工作的做法與過去無異，但科技的發展會改變工作的安排及執行。

家事簡化對於保母而言，在照顧幼兒及兼顧家中事務之執行更益形重要。有效掌握簡化家事工作的原則與技術可以提昇家庭管理之有效性。

邱素沁（1984）提出工作簡化是以科學方法增進工作效率，也就是保持速、簡、實、儉的工作方法以達成家事工作的簡化，進而達成有效率的家事管理。所以說來，速、簡、實、儉是達成工作效率之四要素：

1. 速（時間）：在短時間內迅速完成家事工作。
2. 簡（精力）：所耗費的精力少，不致於造成過分疲累。
3. 實（成果）：指工作的精確程度，才不會徒勞無功。
4. 儉（材料）：對於完成工作的金錢、設備、工作和材料有不浪費的觀念。

所以說來，工作簡化是以科學方法，應用速、簡、實、儉的工作方法來達成有效果及有效率的家事管理（邱素沁，1984）。

十九世紀歐洲工業革命的技術發明與改革，更促使生產部門為掌握工作效率來加以研究動作的改進，以達成工作簡化之目標。到廿世紀更由美國管理泰斗泰勒（F. W. Taylor）及吉爾布雷斯（F. B. Gilbreth）針對動作（motion）與時間（time）進行著名的時動研究（time-motion research），之後才廣泛地推廣到各種工作領域，以工作簡化之方法加上科技的發明。時動研究涉及有關時間的因素則影響工作之速度；涉及人因工程則影響工作者之身體疲憊；如果涉及有關產品之輸出則影響工作之品質。所以要掌握此三要素，才能獲得工

作效率及工作效果。工作簡化之方法應用時動研究之方法，則應具備下列四原則：動作次數少、困難動作少、工作距離短及更少複雜的工作程序。而至於動作速度之因素則取決於動作之困難度，工作者之技術及工作環境的配合。到了八〇年代各工廠及企業也漸漸發展自動化來取代原有人工操作化，並應用工作簡化來達成生產效能及減少工作之意外。如此說來，科技的進步亦對工作簡化的潮流起了推波助瀾的作用，尤其表現在自動化之生產過程。

然而，隨著工作簡化過度擴張，也產生反對的立場，理由之一是工作簡化被批評為缺乏標準、有效的績效評估，尤其九〇年代所推廣全面品質管理的概念，包括：工作的效果、效率，以及工作者的滿足感。工作簡化到某些程度使得任何人都可以勝任，甚至不用予以訓練，導致了許多工作人員對限制發揮一己之長，造成缺乏參與感、枯燥、挫折感和低績效。另一方面，從工作哲學之觀點，工作既然佔有人類生活大部分的時間，那麼簡化工作所帶來的不愉快，很快就可能影響個人之生活品質。

為了因應對工作簡化之批判，管理者提供另一觀念工作豐富化（job enrichment），以人性取向，讓個人在工作中獲得成長與發展，並在個人之工作上，讓個人有充分發揮的機會。換言之，工作豐富化即強調個人在工作時必須具備相當專業的知識、技巧與能力以應付工作之複雜性。

孟德爾（M. E. Mundel）將工作簡化分為五個方式（引自邱素沁，1984：277）：

1.改變身體的位置與動作。
2.改變工具、工作場所和設備。

3.改變生產順序。

4.改變成品。

5.改變材料。

之後，1968年葛羅斯（I. H. Gross）及格蘭爾（E. W. Grandall）延伸孟德爾的方法，並加以將工作簡化之方式歸納為下列三種方式：改變手部與身體的動作；改變工作與儲存的環境與設備；及改變成品或材料。茲分述及說明如下：

改變手部及身體的動作

◎工作時的動作

簡化工作之有效方法即減少手部及身體的動作，例如，可透過事後規劃及思考，減少工作的步驟與動作，以及找尋有效的代替工具以減少工作中的動作。

◎工作的程序

工作的程序的簡化有效工作方式的評量及合併可能組合的工作來一併執行皆是有效率工作的程序的方法。

◎手部的動作

儘量充分應用雙手同時工作以簡化工作的程序及減少工作的時間和動作的重複與浪費。

◎工作的姿勢

良好工作的姿勢除了減少工作動作的浪費，也可提供生

理上的健康，增加力量及塑造一個積極自信的自我形象。保持良好的姿勢的目的是調整脊椎成為三個自然的曲線，分別是頸部的頸線、中背的胸線和下輩的腰線。假想一條垂直線，由耳朵、肩膀、骨盤、膝蓋到踵骨而下，保持一條優美的線條。保持良好姿勢的感覺後，無論在坐、站、走路都應隨時隨地保持個人之最佳狀態。

為了改變個人有好的姿勢，個人可以透過不同活動的坐姿或站姿來自我評量為舒服、自然及有美觀的良好姿勢，並且蓄意使用良好的姿勢，以便能成為習慣。此外，體重的控制輔以運動來增加身體的彈性，塑身及強化下腹的肌肉，也可以改善姿態。

不適宜的工具，例如，不舒服、不恰當的鞋會影響腳部的不舒服，而且也會影響好的姿勢。坐椅子要腳著地，背坐得直挺；開車可調整汽車座椅或加個坐墊，協助個體達成良好的坐姿；睡覺採仰睡或側睡方法，儘量躺在硬實的床墊，而且頭只要墊一點枕頭即可。

當站著時，最好經常改變姿勢以避免腳肌肉緊繃或產生靜脈曲張，儘量找時間休息或移動，尤其在抱孩子之時，也要注意姿態的替換。儘可能避免拿超重的手提袋、背袋或麻布袋，如果可以考慮用背包方式的袋子，可以讓雙肩平均負擔，也可以空出雙手做其他的事，或牽孩子的手或應付緊急的事件發生能適合給予援救的手。

良好的姿勢除了要有技巧之外，也要加以應用身體力學（body mechanics），也就是說，在活動時也應具備正確的姿勢，例如，舉起、彎曲、伸張動作，皆應要有正確的姿勢，以避免背部或腰部疼痛或受傷。因為保母之看護孩子工作會很經常頻繁地使用到雙手的動作，所以更應加以小心。

◎發展工作技巧

　　保母可透過相互觀摩、研習、進行或從個人之經驗加以修正，以建立個人最有效率的工作技巧。平時準備一些備忘錄來記錄簡化工作的一些好方法，也可從書報、雜誌（尤其各報紙之家庭版）。電腦網際網路、廣告、電視媒體中別人所建議的一些簡化工作的好方法。

改變工作的儲藏的環境和設備

　　保母在照顧孩子的同時，也要收拾及做好家事管理。家庭中一些設備要檢查是否符合身體力學，例如，流理台的高度、廚房用具及材料的儲放是否具有一套明白的標示，也整理分類清楚。如果個人能有效利用人因工程學（human factor）來確保實體設備的有效設計，個人使用器品的便利性必然可簡化工作的動作與程序。

改變成品或材料

　　為了減少工作之複雜性，儘量以成品或半製品來代替用原料來製造成品。例如，買現成品的水餃來代替手工水餃。除了之外，也儘量使用同一原料，分別製造成不同成品，以節省時間和動作的重複。

　　有效家事工作管理方法，除了家事簡化之外，還要注意工作之豐富化，以避免因在簡化工作而使得個人生活品質受到影響，例如，單調，無聊。工作豐富化即利用工作職責上的擴展，可以分為水平方向（負載）及垂直方向（負載）。水平負載係為單純增加工作的項目，卻仍維持原工作之權責及複雜性，例如，托育家庭的保母在廚房準備餐前點心的工作時，同時也可與孩子相處，也可順便摺疊洗淨的衣物或趁著

孩子在午睡，一方面收拾房間的玩具，另一方面為下一餐做準備。也就是說，保母必須熟練有效率運用每一分鐘來增加時間管理之效能。另一方面，垂直負載係指增加個體所應具備的能力及技術，並提昇職責或賦予自治權，使個體完成更複雜的工作項目，對工作的不同層面能仔細評估及有效預估，以達到有效的決策制定。例如，可從工作簡化及有效應用家中之人力資源產生有效率的工作程序，造成接受工作指揮有著好的行為績效，進而改變家人對兒童照顧工作的參與，增加個人之責任感及自我工作的滿意感而提昇，同時也獲得當事者的讚賞、鼓勵，並幫助工作者獲得其所期望的報酬。例如，保母對家中較大的孩子教導照顧年紀較小的孩子的技巧，並口頭強調較大孩子是一好幫手，能幹及長大了，可以充分授權在孩子能力範圍下，自我授定幫忙照顧年紀較小的孩子。當大孩子達成有效照顧較小孩子時，保母應立即給予增強以提昇孩子參與照顧孩子的成就感。

綜合本節的討論，家事之有效管理除了家事加以簡化之外，也要提昇工作的豐富化。這二者是相輔相成的，而且要同時兼備已達成家事管理之有效性（effectiveness）、效率性（efficiency）以及個人參與的自我肯定，這也是全面品質管理（the total quality management, TQM）的概念。保母除了要有專業照顧孩子的技能外，更需要瞭解自己所扮演的角色，預估個人之工作效能，評估家中可用之內外資源，適時地、適切地做好家庭決策，才能有效的家事工作管理。

托育家庭的管理與佈置

家庭資源網絡整合和資源運用

　　托育家庭之保母照顧是我國兒童福利輸送服務中的一環，也是托育服務工作的單位之一，其主要目的在於支持家庭中親子角色功能之不足。而家庭資源網絡更是社會福利資源網絡中之一環，其主要之建構在於，福利服務的輸送過程中，案主所需之各種資源間彼此能相互連接的情況或過程，其中包括：垂直整合和水平整合所建構的立體網絡，其主要目的在於能提供有效率和有效能之服務（郭靜晃、曾華源，2000：107）。以保母的托育輸送服務爲例，其所涉及層面涵蓋社政、職訓局、衛生等不同部門，各部門有其主管機構及職責規範，並形成各自之垂直體系，而各體系之服務機構組織可區分爲營利組織及志願服務組織爲平行架構，再整合垂直與水平的系統以建構完整的保母的服務體系（參考圖3.1）。

家庭資源網絡

　　資源體系是指存在於案主周遭之各種相關的機構，以及其所提供的服務，有時亦稱爲服務網絡或資源網絡，此爲結合一切可運用解決案主問題所需的服務、財務、人力及資訊之一種非正式的串聯組合。換言之，社會福利資源網絡係整合所有助人專業的資源，以提供給需要幫助的人最佳協助的人際系統（陳菊，2000：30）。陳皎眉（2000：22）將社會福利資源定義爲社會對在社會環境無法適應的人，提供人力、物力、財力、社會制度及福利設施等，以使其過著正常社會生活的事與物，使人得以擴充或發展在生活上所需之物質與

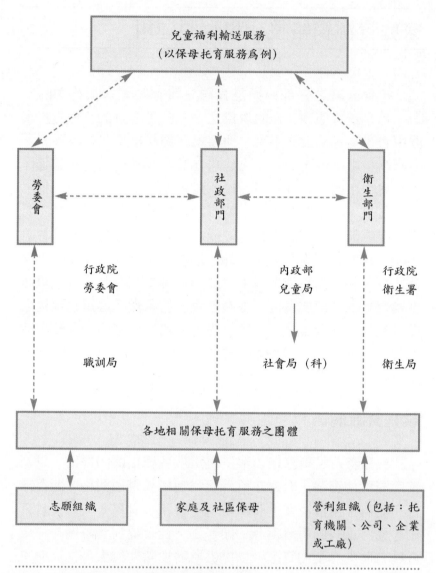

圖3.1 保母托育服務輸送體系之網絡建構圖

資料來源：修正自郭靜晃（1996：152）

PS：——→ 行政聯繫

◄--► 業務聯繫

托育家庭的管理與佈置

精神方面的需求與慾望，以達到個人臻至健全人格與富裕生活。所以說來，社會資源係指一個社區內一切可運用之力量，包括：人力、物力、財力、知識與資料、歷史傳統、生活習俗、發展機會、地理與天然物質、人文社會環境等。謝玉新（1993）則將社區資源分為自然資源與人文資源。此外，人文資源又可分為有形資源（例如，人文、物力、財力及組織等）與無形資源（例如，社區意識、參與感及責任感等）。

　　陳皎眉（2000）進一步歸納：社會資源有不同定義及分類，其認為社會福利資源的範疇，可以說是無所不包，無論是有形或無形、硬體或軟體、有價或無價、正式或非正式等資源，只要是對案主有助益之人、事、物中佔有關鍵之角色皆可稱為可運用之資源。

　　從家庭托育福利服務之觀點來看，保母針對托育家庭之服務流程中也需要社區中之各種資源及支持網絡來獲得其在育兒照顧中協助的需求。以保母為例，其可運用之資源存乎於家庭之內及家庭外（社區與社會），其中資源之特性又可分為人力資源、物力資源、財力資源及組織資源等。保母最主要被定位在社區鄰里來提供托育服務，從社區化、專業化之原則，保母宜先清楚自己角色功能及個人擁有之資源，並且有效運用社區各種相關托育之資源。所以說來，保母應在其個人及家庭的社會支持網絡的運作下，提供最有效的福利服務輸送。如果從兒童本位為觀點，保母應從兒童發展與成長觀為出發點，清楚地預估兒童在家庭中有何需求，沿著家庭的兒童照顧需求，進一步思考社區（社會）中有哪些服務資源可提供給家庭及其成長的兒童，並從此架構出保母家庭托育之服務網絡（馮燕等，2000：218）。

兒童之托育照顧需求不僅是照顧之方法與技巧而已，舉凡托育設施、休閒育樂、親職教育、托育資訊及費用等相關性資源皆有待家庭資源網絡整合。此外，托育之資源又存乎於各種組織與團體中，例如，學校、托育機構、非營利組織、托教協會及政府單位等。而保母在育兒照顧時，除了兒童發展相關資訊，還有社區相關活動舉辦的資訊、休閒娛樂空間及設施，以及親職教育活動的舉行等，皆是保母很重要家庭資源，運用得當與否，都會影響保母家庭托育之兒童照顧品質。

資源運用

　　保母在瞭解相關資源並建立服務網絡後，接下來便是資源的有效運用。為達到資源之最大化運用，必須要將資源妥善管理，其方法可分為計畫、組織與協調及有效運用等步驟，茲分述如下：

計畫

　　資源是多方面，而需求也是多元的，所以保母因家庭之不同、孩子之不同發展階段，而衍生各種相異的需求。因此，保母在規劃各種可運用資源時，要能預估孩子在發展與成長的需求，列出各種可行性之計畫，並衡量其利弊得失。例如，幫忙托育特殊兒童的保母，除了要瞭解孩子行為之特殊性發展知識，也可透過各種不同資訊瞭解社區中之特殊兒童機構或協會，還有瞭解政府是否有提供補助特殊兒童等之相關措施。保母一方面尋求育兒照顧的支持，另一方面，可將送托兒家庭的困境提供轉介的資訊，再選擇一個最佳可行的方案或資源執行運作。

組織與協調

　　現有保母有個人獨自之資源，加上受托兒家庭也有其資源，有時資源是同質且重疊，有時資源是不同的。所以說來，妥善的組織資源遂成為運用及規劃資源的要點之一。資源之組織與協調之另一層意義即是整合資源。整合之層面有二：（1）調查、聯繫現有服務提供者，以確定需求面及提供面的供需現況，再進一步澄清彼此之功能劃分；（2）開發新資源，或紓解均衡的資源。兩者之有效運用更是資源網絡的結合（馮燕等，2000：220）。

有效的運用

　　資源管理之要素是落實資源運用與執行。保母在執行托育業務時，可以分為獨自執行或協同他人共同執行。保母在開展托育服務之輸送除了預估問題與需求，瞭解現有之資源，加以規劃與組織，再來就是按部就班地執行計畫，並能有評估反省的概念，以求經驗的修正與改進。此外，運用原則也要保持相當的彈性以因應資源可能隨時會有變化。

　　上述的方法僅作為保母在運用家庭資源時的參考，托育服務因托育者及受托家庭的複雜性、差異性，以及資源也會因社區之不同而有所差異，所以隨時加增個人吸收專業知識，獲得新的托育資訊，整理分類各種資源的特性，整合組織成為托兒之資源脈絡，再來就是保持彈性，有效的資源運用，以提供最佳模式的保母托育照顧。最後，也要有隨時改善服務方式的準備，因為服務不能只求有作即好，更要考量其效果性（effectiveness）、效率性（efficiency）及受托家庭的滿意度，以當作有品質之托育服務績效（daycare service performance）。

參考文獻

中文部分

邱素沁（1984），家庭管理，葉霞翟等著《新家政學》，247-290。

郭靜晃（1996），兒童保護輸送體系之檢討與省思，《社區發展季刊》，75，144-155。

郭靜晃、吳幸玲（1994）《發展心理學：心理社會理論與實務》。台北：揚智。

郭靜晃、曾華源（2000），建構社會福利資源網絡策略之探討—以兒少福利輸送服務為例，《社區發展季刊》，89，107-118。

陳皎眉（2000），社會福利新紀元—談結合社區資源推動社會福利事業，《社區發展季刊》，89，22-29。

陳菊（2000），高雄市社會福利資源之開拓與整合，《社區發展季刊》，89，30-34。

馮燕（2000），托育問題，馮燕等著《兒童福利》。台北：空大印行。

謝玉新（1993），透過社區發展運用自然與人文資源，《社會福利》，108，29-33。

英文部分

Brim, O. G & Ryff, C. D. (1980). On the properties of life events. In P. B. Baltes & O. G. Brim (eds.). *Life-span*

development and behavior (vol.3, pp.368-388). New York: Academic Press.

CWLA (1988). *Standard and health care services for children in out-of home care.* Washington: CWLA.

Salamon, S. (1977). Family bounds and friendship bonds Japan and West Germany. *Journal of marriage and the family*, 39, 807-820.

4. 兒童遊戲與托育家庭遊戲情境佈置

◎ 遊戲與兒童發展

◎ 兒童遊戲發展

◎ 遊戲情境佈置

◎ 參考文獻

表4.1 美國兒童照顧的安排方式

安排方式	數量	百分比
在孩子的家	3,054,000	30.7
父親照顧	1,585,000	15.9
祖父母照顧	649,000	6.5
其他親戚照顧	328,000	3.3
非親戚照顧	492,000	5.0
在照顧者的家	3,184,000	32.0
祖父母照顧	996,000	10.0
其他親戚照顧	543,000	5.5
非親戚照顧	1,645,000	16.6
有組織的托育機構	2,972,000	29.9
日間群體托育中心	183,000	18.3
托兒所／幼兒學校	1,149,000	11.6
母親邊工作邊照顧	616,000	6.2

資料來源：Who's minding our preschoolers? By L. M. Casper (1996) *Current Population Reports*, (p.20-53) Washington DC:US Department of Commerce.

　　美國在一九九三年，大約有一千萬五歲以下的幼兒，在他們的母親工作時，需要托育（參考表4.1）。由表4.1中可見，托育的方式是不同的，約有三百萬的孩子在自己家中由親戚或非親戚的人照顧，而三百二十萬的孩子則在親戚或非親戚的家中托育（約有48％的孩子是由親戚照顧，而另外52％的孩子則由非親戚照顧）。然而，約有三分之一的孩子是被安排在有組織的日間托育機構（day care institute），包含日間托育中心以及保育學校（nursery school）（Casper, 1996）。相對於臺灣，臺灣地區兒童家長認為學齡兒童理想的托育方式仍以在家由母親親自照顧佔67.58％為最高（實際是

52.06%，理想高出實際15.52%），其次為送到幼稚園佔12.94%（實際為15.32%，理想比實際低2.38%），再次為在家由其他家人帶佔7.03%，而認為將學齡前兒童送到托兒所較理想者佔6.73%（實際為8.53%，理想比實際低1.8%）。從此調查資料，吾人可推知0至未滿3歲之幼童，其家長理想的托育方式較偏向在家由母親帶，佔77.22%；3至未滿6歲之兒童，其家長認為理想之托育方式是送到幼稚園、托兒所，比率各佔22.92%及9.00%（內政部統計處，1997）。

日間托育對孩子的成長，特別是遊戲方面有何影響？美國超過三十年的研究期間，教育者及心理學家相當努力尋求答案，但是尚未找到滿意的結果。事實上，很少有報告論及居家托育的整體性影響，因為這種托育方式很難研究，而且即使研究者特別針對有組織的日間托育中心，他們時常發現他們在比較不同性質的機構（例如，比較蘋果或橘子），因為照顧者的特質、孩子不同、所用的玩物、教材以及情境佈置皆各有不同。

有關托育機關的研究發現結果是相當不一致且具矛盾性，一般皆發現當孩子在托育環境中不能對幼兒社會互動的成熟度及社會環境有正反兩面的評價。從負面來說，人數較多的群體托育有較負面的影響，對大人的權威性較不服從及抗拒（Clarke-Stewart, 1984; Philips, McCartney & Scarr, 1987）。從正面來說，在托育中心的經驗是較高級的社會遊戲，亦即對孩子的社交活動較精進（Belsky & Steinberg, 1978; Howes, 1988; Philips, McCartney & Scarr, 1987）。

群體孩子托育的正面和負面的社會化影響之間的矛盾，要如何解釋？似乎這其中最主要的決定要素是托育品質，例如，Philips、McCartney、Scarr（1987）發現正面之社會化

效果主要來自：（1）托育機構大人與小孩常有交談及口語互動的刺激，（2）機構人員有托育經驗，及（3）工作人員及孩子之比率要高。所以說來，托育人員之素質及專業能力才是決定托育輸送服務品質之影響要素。

　　總而言之，孩子的托育經驗攸關其日後安全、健全成長及發展精進程度，效果如何則有賴於托育環境的刺激與佈置，本章則著重托育環境之軟體佈置，尤其在遊戲情境的佈置與規則，茲分爲三節：（1）遊戲與兒童發展，（2）兒童遊戲發展，及（3）遊戲情境佈置。

遊戲與兒童發展

　　「遊戲學習化」、「學習遊戲化」一直是推廣學前教育的一種口號，也反映遊戲與兒童發展的關係。此外，根據心理學的研究，遊戲是兒童認知發展智慧的一種方法，換言之，遊戲是兒童的學習方法之一（李明宗，1993：3）。遊戲所受重視的程度深受教育及社會的關心所影響；然而遊戲對兒童發展之影響是受人肯定且深信不疑的，一般而言，遊戲與兒童發展之關係可從情緒、認知、語言、社會與身體動作來加以探討：

遊戲與情緒發展

　　在人的社會化過程，兒童追求自主性的發展與成長及其迎合社會規範所約束及要求是相互衝突的，因此，在成長的過程，兒童承受相當大的壓力。而兒童的因應之道便是遊

戲。如果兒童被剝奪這種遊戲經驗，那他就難以適應於社會。而如果兒童所成長的家庭與社會不允許，也不能提供足夠空間、時間、玩物以及良好遊戲、休閒的媒介、那孩子很難發展自我及對他人產生健康的態度。

就兒童生命週期（life cycle）來看，嬰兒是從人與玩物的刺激來引發反應以獲得安全的依戀（secured attachment）。到了幼兒時期，遊戲成爲表達性情感的媒介，並從遊戲學習有建設性控制情緒。到了兒童期的發展，最重要是學習語文，例如，讀寫能力。當兒童參與遊戲（games）可增加自我尊重及情緒的穩定性。遊戲因此可提供兒童發展領導、與人合作、競爭、團隊合作、持續力、彈力、堅毅力、利他品質，而這些品質皆有助於兒童正性的自我概念。

遊戲與認知發展

一九六〇年代，Piaget和Vygotsky的認知理論興起並刺激日後認知學派的蓬勃發展，探究其原因，主要是由認知發展理論中發現：遊戲除了幫助兒童情緒的調節，並且激發兒童各項智能技功，例如，智力、保留概念、問題解決能力、創造力等的發展。

就兒童發展的階段來看，在嬰兒期，嬰兒天生即具有能接近環境中的新物體，且對於某些物體有特別的喜好，例如，鮮明刺激、三度空間、能發出音響的物體，尤其是動態的物體。在幼兒期，幼兒由於語言及邏輯分類能力大增，更有助於幼兒類化（generalization）的發展，而這些能力的發展更有助幼兒形成高層次的抽象能力，例如，假設推理、問題解決或創造力。

在兒童期，尤其小學之後，兒童的遊戲活動漸減，取而

代之是邏輯及數學概念的演繹能力活動。這個時期是Piaget所認為的具體操作期。兒童透過具體操作而得到形式思考。這種思考是較不受正式的物體操作而獲得的，而是由最少的暗示而獲得較多的訊息。

遊戲與語言發展

語言發展如同認知發展一樣，與遊戲是相輔相成的。遊戲本身就是一種語言的方式，因此，兒童透過遊戲能有助於語言的發展，例如，兒童玩假裝或扮演的遊戲。

在嬰兒期，發音、發聲（babbling）是嬰兒最早的語言遊戲。嬰兒的發聲是一種重複、無目的及自發性的滿足。成人在此時對嬰兒有所反應，或透過躲貓貓，不但可以增強嬰兒發聲，而且也可影響其日常生活使用聲音的選擇以及表徵聲音。

一歲以後，孩子開始喜歡語言以及音調，特別是他們所熟悉的物體或事件的本質。孩子在此時喜歡說一些字詞順序或語言遊戲，可增加孩子語形結構的能力。

在幼兒期，孩子為了能在社會遊戲溝通，他們必須使用大量的語言。當兒童的語言能力不是足夠之時，他們常會用一些聲音或音調來與人溝通。尤其孩子上了幼兒園，與同儕和老師的互動下，其語言發展有快速的成長。而兒童乃是藉由遊戲，得以瞭解字形，獲得表達的語意關係以及聲韻的操練來瞭解其周遭的物理與社會環境。

在兒童期，孩子雖對語形發展已漸成熟，但他們仍藉著不同的語言遊戲，例如，相聲、繞口令、脫口秀來瞭解各語文及文字的意義，並且也愈來愈有幽默感。

遊戲與社會發展

兒童最早的社會場所是家庭與學校，其次才是與同儕等非結構式的接觸，社會發展是延續一生而持續發展的，但在兒童期，遊戲的角色才愈明顯。

在嬰兒期，最早的社會互動是微笑（smile）。父母一般對嬰兒高興的回應（微笑）更是喚起兒童微笑互動的有效行為。在幼兒期，各人玩各人的遊戲，或兩人或兩人以上可以玩各樣的活動，也就是說他們可以平行地玩遊戲，之後，他們可以一起玩一些扮演的社會戲劇活動或遊戲。幼兒的社會遊戲，很少由立即環境的特性所引發的，大都是由同儕們共同計畫及勾勒出來的情節，而且分派角色並要有分享、溝通的能力。在學齡兒童期，戲劇遊戲減少，而是由幻想遊戲來取代，相對的，團隊比賽或運動也提供了一些社會關係的學習。

遊戲與動作發展

遊戲與兒童的動作發展有其絕對的關係，嬰兒在遊戲中有身體的活動，例如，手腳的蹬、移動。在幼兒時，幼兒大量的大肌肉活動，例如，爬、跑、跳及快速移動、騎三輪車，而且也有精細的小肌肉活動，例如，剪東西。到了學齡兒童期，他們的運動競賽需要大量的肌肉及運動系統的練習。因此，遊戲幫助兒童精細了身體動作能力。

以上之論述，可以表4.2示之。

遊戲是兒童全部的生活，也是兒童的工作，因此，兒童的休閒育樂活動更是離不開「遊戲」。教育學家杜威說：「教育即生活」、克伯屈則認為：「教育即遊戲」，此外，蒙特梭

表4.2 遊戲與兒童發展的關係

	情緒發展	認知發展	社會發展	語言發展	動作發展
嬰兒期 0～2歲	玩物的刺激；關心、照顧	物體的刺激（例如，照明刺激、三度空間）	親子互動 手足互動	發聲練習 親子共讀	大肌肉活動，例如，跳、跑及快速移動
幼兒期 3～6歲	玩物、情境等透過遊戲表達情感 學習控制情緒	分類能力之提增 假裝戲劇遊戲	同儕互動	兒童圖畫書賞析	感覺統合
學齡兒童期 7～12歲	利用休閒活動滿足情緒 透過休閒或遊戲增加自我尊重之情緒穩定	加重邏輯及數學之演繹性活動	團隊比賽及運動	語言遊戲活動，例如，相聲、脫口秀、繞口令 瞭解各種不同族群及文化的語言	運動技巧體能；知覺—動作發展

利、皮亞傑等亦主張以自由開放的態度讓幼兒發展天性並重視遊戲的教育功能，由上列的論點就可以說：「教育即遊戲」。基於兒童天性對遊戲的需求，休閒活動也是國民教育中重要的一環（鍾騰，1989：11）。而兒童遊戲的教育功能，也可從兒童發展的歷程看出。

　　一歲以上的幼兒，就會在有人陪伴之下獨自地玩或與別人一起玩，在簡單的遊戲與娛樂中，利用器官的探索逐漸瞭解這個世界及加深其感官知覺，因此，在這段時期的兒童，不論是社會性或單獨的遊戲，都是他學習的主要方式。

　　進入兒童早期，由於幼兒動作技巧的精熟及經驗的擴增，遊戲漸趨複雜，這個時期兒童最主要的認知遊戲為功能性（functional）及建構性（constructive）兩種：前者又稱操

作性遊戲，利用固定玩物；後者意指有組織之目標導引遊戲（郭靜晃譯，1992）。

　　到了兒童晚期，同儕團體在生活領域中地位逐漸加重，兒童在團體中受歡迎的程度決定了他參加遊戲的形式，這段時間最常作的遊戲有建構性遊戲、收集東西、競賽等，在兒童遊戲中，兒童慢慢建立起自我概念、性別認識，並發展出社會化行為（黃秀瑄，1981）。從此之後，當兒童步入青少年期，除了上課休息及習作功課之外，休閒活動遂變成其生活的重心。

兒童遊戲發展

　　發展心理學主要是在研究人類行為隨年齡成長而產生個體行為改變的歷程，應用於兒童遊戲，即是研究遊戲的內容與結構的改變。遊戲學者已從許多研究文獻來對遊戲加以描述，並發現遊戲和個體情緒、學習因素有關。同時學者們已用不同結構的名詞將遊戲加以分類、定義。例如，有些學者認為嬰兒的動作發展與遊戲是相互聯結的。就此觀點，可將遊戲分為四種類型：動作遊戲、社會遊戲、玩物遊戲及表徵遊戲。這分類是人為的，目的在於幫助讀者做一系統性的整合。但請務必明瞭，這些分類方式並不是獨斷或絕對的，有時遊戲是可以存在於多種型態的遊戲類別中。其可能發展的進程列於表4.3。表4.3由上到下是個體遊戲行為發展的順序，但因人有個別差異，因此，發展的平均年齡會隨個人特質（例如，遺傳及環境）的不同而有所差異。總體來說，嬰兒的遊戲主要是表現在操弄物體及動作遊戲方面；兩歲之後，其

表4.3 遊戲發展進度量表

操弄／建築 （玩物遊戲）	表徵遊戲	社會遊戲	身體／動作遊戲
1.玩自己的身體部位（例如，手指、腳趾）	1.在遊戲中模仿 　a.模仿聲音 　b.模仿別人的手勢 　c.模仿別人的臉部表情 　d.延宕模仿（將以前所聽過或看過的聲音或動作模仿出來）	1.模仿鏡中的形象	1.可以不用支撐而坐著玩
2.用手臂揮打玩物並獲得愉快		2.對鏡中的形象微笑	2.玩時可以獨立站得很好
3.玩別人的身體部位，例如，摸別人的臉或頭髮		3.在遊戲中嘻笑	3.爬或匍匐前進
4.玩水		4.玩社會遊戲（例如，玩躲貓貓、玩拍手遊戲）	4.可以邊走邊玩
5.在遊戲中去拿玩物（或自己拿或從別人處獲得）	2.在遊戲中可製造聲音	5.單獨地玩（例如，幼兒自己玩玩具，即使與別的幼兒一起玩，彼此處在很近的距離，也不想跟其他的幼兒一起玩）	5.可以雙手將球從頭上丟出
6.在玩中放開玩物	3.在遊戲中可用語言交談或叫喊		6.可以從大人椅子爬上爬下
7.用雙手去敲打玩物或拍手			7.踢球
8.做影響環境的重複性動作（例如，敲打玩具產生砰砰聲響）	4.使用玩物來假裝、虛構，例如，假裝積木為車，可使玩物具有意義	6.可以獨立自己玩遊戲，持續15～30分鐘	8.聽音樂、做些律動
9.堆放玩物	5.功能性使用表徵玩具（例如，電話、車子、娃娃或茶具組合）	7.平行遊戲（幼兒通常玩在一起，但各自單獨做他們的活動或遊戲；通常玩相似的玩具或活動，除非他搶奪別人的玩具，不然彼此不會有社會性的互動或影響他人的活動）	9.踩（騎）三輪車
10.自發性的塗鴉			10.用雙腳做跳遠狀的動作（腳離地）
11.拉玩具			11.可以從十英吋高度跳下來
12.將容器（籃）中玩具倒出來	6.使用成人衣物或裝扮遊戲		12.接大球
13.可以橫向排列並且是有組織性	7.表現單一的假裝情境遊戲（例如，喝茶、抽菸或開車）	8.聯合遊戲（幼兒可玩在一起，但各自擁有自己的主題的	13.跑得很好（不會跌倒）
14.玩沙（過濾、拍，抹平、倒或者堆）	8.表現虛構情境（事件之間有連續或單一角色持續在五分		14.可以在矮的玩具和梯子爬上爬下
			15.跳繩（至少跳連續兩次以上）
			16.會翻觔斗、跳躍、盪鞦韆、用輪子溜冰、走平衡木等

續表4.3

15.玩拼圖
　a.三件式的形狀
　　拼圖（三角形
　　、四方形、圓
　　形）
　b.四件式個別成
　　形的拼圖
　c.四件組成一形
　　體的拼圖
　d.七件組成一形
　　體的拼圖
　e.十二件組成一
　　形體的拼圖
16.玩具放入容器或
　　籃子內
17.會將蓋子蓋於有
　　蓋的容器
18.玩黏土
　a.會用手去壓擠
　　、滾及造型
　b.利用工具，例
　　如，棒子、形
　　狀加上黏土做
　　造型
　c.利用黏土／沙
　　做表徵的玩物
　　（例如，做所
　　熟識的物品，
　　例如，電話、
　　車子或茶杯），
　　並能說出其名

鐘以下，例如，用
茶具組合在一起喝
茶、吃餅乾，好像
開茶會、派對；或
開車去逛街或加油
等）
9.表現虛構情境（單
　一角色的遊戲可以
　持續五分鐘以上）
10.表現虛構情節
　　（有情節、主題
　　但比較不具組織
　　性）
11.表現有組織、情
　　節的假裝遊戲
12.可以與其他幼兒
　　假裝遊戲（社會
　　扮演遊戲）

深度活動。彼此間
有溝通交流，通常
玩的主題是與玩物
有關的活動。彼此
之間各自有各自的
活動目標與目的，
可能彼此有所關聯
。但不是一完整組
織的活動）
9.兩人的合作遊戲
　（兩個幼兒參與共
　同目的的活動，彼
　此有組織能相互協
　調以達目的。通常
　幼兒是玩一些扮演
　、競爭／非競爭的
　比賽或做一些作品
　，彼此相互支持以
　達目的）
10.團體的合作遊戲
　　（兩個以上的幼
　　兒就達到的目
　　標）
11.遊戲中有分享行
　　為
12.玩時可以等待
13.能為他人做事以
　　達成目標的活動
14.要求同伴與他一
　　起玩
15.能叫出同伴的名

——托育家庭的管理與佈置

續表4.3

稱	字並炫耀（自誇
19.玩積木	其所做的事情）
a.沒有表徵意義	16.可與特定的玩伴
的建構遊戲	一起玩並可將他
b.具有表徵意義	當作最好的朋友
的建構遊戲	17.能對有規則的遊
20.用剪刀	戲或比賽遵守規
a.用剪刀剪東西	則，並能輪流共
b.將紙或布剪成	享玩具
碎片	
c.沿線剪不同的	
形狀	
d.剪成不同的形	
狀	
e.剪圖案（除了	
太細小的部分	
之外）	
21.用畫圖來表徵事	
物（大部分畫他	
所知道的故事並	
能說出故事中圖	
畫的名字）	
22.遊戲建構的結果	
成為重要的部分	
23.組織工藝技巧	
24.使用顏色筆將圖	
案著色	
25.拓印／蓋印畫或	
用筆做描繪	

資料來源：引自Golden, D. B. & Kutner, C. G. (1980) *The play develpoment progress scale.* Unpublished manuscript.

表徵能力及社會遊戲的發展才逐一出現。

　　成人與孩子一起遊戲時，應特別注意在兒童遊戲行為中兩種改變的意義：（1）發展有時間的因素。遊戲的結構或過程到底因時間因素呈現何種的變化？真正的改變意義為何？（2）遊戲活動的速率、強度和種類可能在短時間內改變，並且反應也較富有彈性；其次，改變可視為是在長時間內一種行為的轉移，例如，兩種不同發展年齡層的兒童呈現不同的遊戲發展階段。

　　兒童發展有其循序漸進的過程，由自我中心至與他人互動、由具體到抽象。Garvey（1977）指出遊戲隨著兒童年齡的成長，而有下列四種基本的發展與改變趨向。

　　生物的成熟：隨著年齡成長、兒童身體與心理的成長，使得兒童獲得新的遊戲能力與技能。

　　精緻和複雜：遊戲會因兒童技能成熟加上經驗的豐富，使得遊戲愈加精緻和複雜，而且也可應用多種不同的概念。

　　減少隨機化行為，增加行為的計畫與控制：兒童可以透過想像直接操弄環境或改變事實。

　　加深個人的遊戲經驗：兒童透過日常生活的觀察與模仿，習得社會的因果關係，並將這些事件應用至其日後遊戲的主題。

　　從認知發展層面，Piaget（1962）將遊戲分為三類：練習遊戲（practice play）、表徵遊戲（symbolic play）和規則遊戲（games with rules）。之後，Smilansky（1968）參照Piaget的分類，將認知遊戲修訂為四類：功能性遊戲（functional play）、建構遊戲（constructive play）、戲劇性遊戲（dramatic play）及規則性遊戲（game-with rules），四類遊戲分述如

下：

　　功能性遊戲：約在出生至二歲期間，幼兒經常以身體重複性動作，例如，跳與跑，反覆抓握物體和操弄玩具，來滿足其感官的刺激與愉悅。

　　建構遊戲：約從兩歲起，幼兒開始使用各種可塑性的物品，例如，積木、拼圖、樂高或玩物，例如，沙、水、黏土、麵糰，有目的的完成某些成品，例如，機器人、動物等，隨著年齡的成長及動作發展的成熟，兒童可進行創作。

　　戲劇性遊戲：約在二至七歲期間，兒童處於認知發展的運思前期，兒童表徵能力逐漸呈現，此時，兒童開始從事假裝（pretend）的想像遊戲，可參與各種角色的情境、對話或行動。在三歲以前，幼兒大都獨自進行遊戲，自三歲之後，就漸參與二人以上的團體社會戲劇遊戲（sociodramatic play），成員間彼此透過語言的交互作用，共同設計情節，相互協調而達成有主題的社會戲劇遊戲。

　　規則遊戲：約在七歲至十一歲期間，正處於具體運思期，兒童認知及接受規則能力大增，可從事一些具有規則性的遊戲，例如，球賽、下棋、捉迷藏等，兒童對於規則的遵循及遊戲者的共同約定非常在意，如此一來，他們才能一起玩。

　　之後，Rubin、Fein及Vandenberg（1983）觀察幼兒從出生至七歲，在認知發展層面有七種認知遊戲階段：（1）感覺動作遊戲（sensorimotor play），（2）建構遊戲（constructive play），（3）初級假裝遊戲（first pretend play），（4）代替性假裝遊戲（substitute pretend play），（5）社會戲劇遊戲（sociodramatic play），（6）規則的察覺（awareness of the rules）及（7）規則遊戲（games with rules），茲分述如下：

感覺動作遊戲：約在一歲之前，利用已有的感覺基模對外在事物探索，嬰兒將一些玩物放在嘴裡，咬它們，捏它們，或將玩物丟在地板上，藉此，嬰兒可瞭解物體特性。

建構遊戲：約從一歲至兩歲，當嬰兒對物體的基模愈來愈精緻與複雜時，他們可以使用玩物做簡單的建構，例如，玩拼圖或積木或插椿玩具或堆疊玩具，這種建構遊戲可持續至六歲，而且愈來愈複雜及其創意。

初級假裝遊戲：約在十二至十四月開始，幼兒可以使用模擬真實器具的玩具來假裝一些動作，例如，用玩具湯匙餵洋娃娃、用梳子梳頭髮、玩具車代替開車。隨著年齡的增長，使用假裝的玩物愈不受外型所影響，取而代之是玩物的功能。

代替性假裝遊戲：約在兩歲至三歲之間，幼兒會使用玩物代替任何他們想到的佯裝東西。他們可能利用筷子來代替梳子，湯匙代替香蕉，或利用掃把代替騎馬。直到四歲至五歲之後，他們遊戲時間至少有20%會使用這種新且複雜的假裝。

社會戲劇遊戲：幼兒上幼兒園時期，幼兒喜歡扮家家酒，尤其喜歡扮演父母、老師、警察人員、司機、醫生、護士及超級英雄等角色。兒童很喜歡此類遊戲，尤其是幻想遊戲。這種遊戲對幼兒社會發展尤其重要，由於扮演別人，兒童必須融入此角色，使其跳脫自我中心，漸漸會瞭解別人的看法及想法。

規則的察覺：六歲的幼兒不僅可以自我創造戲劇，而且還可以描述戲劇的規則。他們可以預先計畫情節，分派角色。這種改變需要更進一步的認知能力，通常是在六歲左

右，從此之後，兒童發展具體運思能力。

　　規則的遊戲：約在小學年紀，假裝遊戲漸漸減少，相對的是由特定的規則之複雜遊戲所取代，例如，踢瓶子、球賽、玩彈珠等。這種規則的堅持對兒童日後的認知及社會發展有所助益。最重要的是，兒童需要時間來玩此類遊戲，然而現代兒童欲花太多時間在看電視或做一些沒有組織及建設性的遊戲。

　　從社會發展層面，Parten（1932）針對日本保育學校幼兒進行觀察，發現幼兒的社會性遊戲依序為：無所事事的行為（unoccupied behavior）、旁觀的行為（onlooker behavior）、單獨遊戲（solitary play）、平行遊戲（parallel play）、協同遊戲（associate play）及合作遊戲（cooperative play），茲分述如下：

　　無所事事的行為（約在兩歲以前）：到處走動、東張西望或靜靜坐在一旁，沒有做什麼特定的事情。
　　旁觀的行為（約在兩歲以前）：當其他孩子在玩時，幼兒只在一旁觀看，偶爾與正在玩的幼童說話，但沒有參與遊戲。
　　單獨遊戲（約在兩歲至兩歲半）：自己一個人玩玩物，與他人沒有交談等任何社會互動。
　　平行遊戲（約在兩歲半至三歲半）：與旁邊的小孩子玩相同或類似的玩具和遊戲，但他們彼此卻沒有進一步交談。
　　協同遊戲（約在二歲半至四歲半）：與其他兒童一起玩，但彼此之間沒有共同目標及互相協助，仍以個人的興趣為主。
　　合作遊戲（約在四歲半之後）：與其他兒童一起玩，彼

此之間有分工及相互協助，以達成共同的目標。

　　Parten的研究提出之後，其所述之兒童社會性遊戲的發展階段，常被用以衡量兒童的社會發展層次。直到一九八○年才由Howes針對同儕遊戲的觀察而發展出Howes同儕遊戲量表。潘慧玲（1991）針對國內幼兒社會遊戲情形加以觀察，發現許多幼兒單獨遊戲其實是一種有積極目標導向的行為，平行遊戲亦常是較年長兒童單獨遊戲與團體遊戲之間的轉移，因此平行遊戲並非是社會性不成熟的行為。Howes的同儕遊戲量表更是將Parten的平行遊戲一分為二，一為簡單的平行遊戲，另一是彼此有共同焦點的平行遊戲。

　　從動作發展而言，兒童自出生到六歲，其身體動作隨著幼兒身體成長而更具活動性，並且也更有力氣、更具控制力、平衡能力，和大小肌肉的協調能力，而呈現出更精緻的動作發展技巧，詳細發展情形請參考表4.2。

遊戲情境佈置

　　在前面二節我麼已探討了兒童遊戲與兒童發展的關係以及兒童遊戲發展，本節我們將以上述為根基，並介紹如何充實幼兒的遊戲情境。身為一位兒童托育的照顧者，在為兒童佈置或規則遊戲情境時，我們應考量兒童的年齡階段及兒童下一個兒童遊戲發展的能力為何。因為兒童會隨年齡的增長而產生身心（例如，語言、認知、社會、情緒、人格等）方面的成長與變化，因此，兒童也會因年齡的推移而逐漸成長與成熟，造成其遊戲行為結構產生質性的改變；此外，個體

在特定階段因操弄玩物的熟稔度的逐漸成熟而增加對玩物的控制，因此，創造了個體的內在刺激。所以，成人要幫助兒童從遊戲中獲得最佳利益，我們在對情境之佈置與規則宜要有適齡的觀點（有關從嬰兒至青少年時期相關適齡玩物的選擇請參考附錄五）

　　嬰兒在四、五月大時，似乎已能對周遭的事物感到好奇。他們是在遊戲嗎？嬰幼兒真的會遊戲嗎？相關文獻對於嬰兒時期遊戲與探索又有相當記載，因為遊戲、探索行為和各種不同的遊戲活動是持續地相互影響。所以，一個照顧學齡前幼兒的照顧者或許很難確定地知道那一型態的活動在什麼時候開始，而另一種型態的活動在什麼時候結束。基本上，探索活動發生在前而遊戲發生在後，探索活動會很快地發展成遊戲，而遊戲幫助幼兒導引出對這個世界做更大的探索。

　　Piaget（1962）提出嬰兒是藉由感覺運動的適應過程，承擔智力發展的機能，主動地將自己介入於環境互動，然後形成對事物的概念。之後Piaget和Inhelder（1969）將嬰兒的感覺動作發展鑑別出六個階段：（1）反射；（2）最初的習慣；（3）循環反應；（4）手段與結果的協調；（5）新方法的嘗試及；（6）洞察。（參考表4.4）。

　　1.反射（reflex）階段：嬰兒透過不隨意的反射反應來行為，例如，吸吮、抓握，原因與結果的動作不能聯結。
　　2.最初習慣（first habit）階段：嬰兒利用反射性的刺激來加以試探更廣泛的刺激，例如，嬰兒使用吸吮行為來探索玩具、手指、父母的身體等。
　　3.循環反應（circular reaction）階段：嬰兒指一種行為與

表4.4　Piaget的感覺動作發展階段以及各階段的活動型態

階段	心智特徵	遊戲型態
反射： 出生至1個月	其主要的活動只是簡單的反射動作。	在此階段的遊戲甚少被述及。
最初的習慣： 1～4個月	開始出現初級循環反應。個別動作，如吸吮或握拳，之間已開始有所協調。	遊戲始於嬰兒重複做，為了高興而做的，一個自身肢體所導引的活動。
循環反應： 4～8個月	次級循環反應出現，嬰兒重複著不侷限在自身肢體所導引的活動。並對外在世界的反應極感興趣。	在遊戲中，嬰兒重複著，例如，揉一張紙或敲打桌子，會在此一環境中產生愉快或滿足的效果。
手段與結果的協調： 8～12個月	展現出有意圖的、目標導向的活動。例如，孩童推開枕頭以取得置放於後的玩具。	通常目標導向的嬰兒會捨棄活動的目的，而只享受過程。例如，推開枕頭的動作變成了一個好玩的遊戲，而孩童似乎忘記了藏在枕後的玩具。
新方法的嘗試： 12～18個月	不僅止於重複做有趣的動作，孩童在這個階段會讓這些動作有所變化以獲得更多的喜悅。這樣的行為被稱為第三級循環反應。	和感覺動作活動比較起來，這一階段會有著極大的差異，亦即孩童會立即和有意地讓活動的經驗複雜化和更為有趣。
洞察： 18個月以上	出現表徵性的行為－孩子有能力以某一件事物替代、或代表另一件事物。	自主感官活動逐漸地被表徵性的活動，也是入學前的主要活動所取代。

資料來源：摘自於*Play, dreams, and imitation on childhood*, by. J. Piaget, 1962, New York: Norton. *The psychology of the child*, by J. Piaget & B. Inhelder, 1969, New York: Basic Books.

　托育家庭的管理與佈置

期望的結果相聯結，例如，他們抓起媽媽的手要玩手指頭；或搖晃一個波浪鼓，想聽到聲音。

4.手段和目的協調（coordination of means and end）階段：嬰兒使用熟悉的動作或方法實現新的結果，例如，他們拉爸爸的眼鏡不讓他看電視，這時候行為的目的性又很明顯。

5.嘗試新方法（experimentation with new means）階段：嬰兒會修正過去熟悉的方法或手段，以達到實現新的目標，例如，嬰兒用手帕包上一個玩具以做成一件禮品。

6.洞察（insight）階段：這是嬰兒認知發展階段的最高層次，嬰兒可以利用手段與結果關係的心理運作。嬰兒進行一嘗試錯誤的問題解決行動，可以在頭腦中進行心理運作，以取代進行身體力行的試探行動。

一旦孩童的注意力從身體上的活動轉移到外界環境之時，以玩物為主的遊戲活動也就接踵而至。由於玩具（物）通常是給予孩童用於遊戲或探索的活動，然而，並不是每一種玩物（具）皆適合孩子遊戲，該物也應有其適齡性（age appropiateness），表4.5即是一些適合二歲以前孩童玩物遊戲的資訊（見表4.5）。

孩子在一歲之前，尤其在出生至三個月，大部分時間皆是躺著的，所以玩物基本上是用來看、聽和感覺之刺激為主。三至六個月後，嬰兒開始會主動地玩，因此玩物的功應應加強被玩弄、被傾聽及被注視，所以選擇玩具時，多樣化是一個主要的因素，尤其在色彩、形狀、聲音和材質上。六個月至一歲時，幼兒已相當好動，例如，會爬、坐，甚至會走路了，甚至抓握等動作技巧也增進不少，加上語言能力在

表4.5 適合二歲以前孩童的玩物

年齡	玩物
出生至3個月	因為此時期的嬰兒尚無法抓住東西，所以，適合的玩具主要是可以刺激感官的玩具，例如，搖鈴、風鈴、彩色圖片和壁紙、嬰兒床飾品、音樂盒和其他可以發出音樂聲的玩具。
3～6個月	這個時候開始有基本的抓取動件。故可加入適於抓取、扭擠、和置入口中的玩具。或許亦包含了布球、柔軟的物體和可以磨牙齒的玩具。
6～12個月	可以反應兒童活動的玩具。例如，附有彩色圖頁的書籍、積木、海綿、鏡子、玩具電話等。
12～18個月	可以推、拉的玩具、各種球類、簡單的拼圖（大塊、易於處理的）、積木、有輪子的玩具車。
18～24個月	用於戲水和玩沙土的玩具：瓢子、鏟子、各種大小的水桶。故事書、洋娃娃、木偶、填充式的動物玩具、積木。

資料來源：郭靜晃譯(2000)，《兒童遊戲：兒童發展觀的詮釋》，台北：洪葉，p. 130.

此時也提增許多，所以孩子的玩物適合操作，想像虛構的戲劇遊戲玩具組合，及書本皆是很適合的玩物。

　　一般說來，十個月大的嬰兒已會注意圖畫書中的圖示，書本不僅是視／聽覺的刺激品，更是玩具書及增加認知功能的讀物（有關嬰幼兒玩具書之訊息，請參考專欄4.1及表4.6）。

　　玩物遊戲在第二年中，隨著孩童語言認知及操作能力大增，孩子的遊戲也更富於想像、複雜及有組織，因此孩童需要一些增強其啟發性的玩物，例如，積木、戲劇遊戲之道具

專欄4.1 如何與嬰兒分享玩具書

玩具書是兒童遊戲中的要角，它可以協助孩子學習新事物，更可為孩子帶來快樂。只要父母們用心選擇，它不但可寓教於樂，更可增進親子間的關係。

何謂圖畫書？

所謂圖畫書，以最簡單的一句話來說，即以圖畫為主、文字為輔的書籍。由封面、內頁至封底，它的文字可能非常少，甚至於只有圖畫而沒有文字。

圖畫書與兒童發展的關係

圖畫書對兒童來說，具有其存在的價值及重要性。較之成人書籍強烈的認知、娛樂、教育性，兒童圖畫書則屬於多功能的書籍，其功能分述如下：

語文的功能：兒童的圖畫書通過作者的筆鋒，呈現出來的文字完整且具有美感。孩子藉由這些書籍，可接觸另一種語言的呈現方式，進而學習字彙、文句與說話。另外，經由大人的解說，可培養小孩傾聽的能力及專注力，有助於孩子將來更容易接受正式的學校教育。

認知的功能：孩子的生活空間狹窄，所接觸的人事物極少。而書籍在此時便扮演了重要的角色，它可以擴展孩子的認知與學習層面。

圖畫書中的圖畫是抽象的，它可以帶領孩子，與實際的事物作聯結，並作反覆的練習，使孩子的認知達另一境界。

娛樂的價值：書籍是孩子快樂的泉源。其實，為孩子選擇書籍，教育性並非必備的條件，能為孩子帶來快樂才是最重要的。

美感的教育：每個孩子在接觸藝術以前，腦中都是一片空白的。他們通常先認識圖，爾後才認識語文。

但至目前為止，尚無任何一個理論基礎或研究架構來支持「什麼方式或圖畫的呈現較適合孩子」。因此，父母毋需擅自為孩子擇取，僅需提供孩子多樣式的資訊即可。

以上乃一般圖畫書具備的功能，但並非每一本書皆具備上述功能。其中對年紀小的嬰幼兒來說，娛樂性的功能是最重要的，知識性的功能易使孩子感到枯燥，而多樣化的功能則是最適合孩子的。

在孩子未識事以前，通常必須透過圖畫與父母溝通，它可能成為孩子最好的伴侶與精神糧食。因此，圖畫書對孩子的生活尚有以下的功能：

激發基本能力：孩子對所見事物的焦點與大人是不一定相同的，因此，多給予圖畫書，可協助孩子培養觀察力、增加想像力及創作能力，而書中的知識，則可增強孩子解決問題的能力。

發展健全人格與培養生活習慣：有些教導孩子生活習慣的書籍，可讓孩子學習正確的生活習慣，培養獨立的能力。與心理成長相關的書籍，則可協助父母解決兒童經常發生的心理異常現象。

親子互動的橋樑：有些父母不知該如何與孩子相處，而藉由圖畫書，父母可觀察孩子的表現及學習能力，孩子也可藉由書籍發洩情緒，在這些互動的過程中，可增強親子間的關係。

選擇圖畫書的原則

經久耐用：為配合嬰幼兒發展及安全上的顧慮，玩具書的選擇應是耐摔、耐咬、耐撕、可以清洗、安全性高者。

質地輕巧、大小適中：孩子的臂力及手腳協調能力有限，因此書籍重量不可太大，適當的體積則可方便孩子抓握。

色彩鮮明、但不複雜：在嬰幼兒視力未發展完全以前，色彩的選擇應單一而鮮艷，才能引起嬰幼兒的注意。

畫面單一、線條簡單：圖畫書中的圖畫愈大愈好，單一、清晰可讓孩子看得更清楚。

內容以生活周遭事物為主：如此可增加孩子的親切感，並提高趣味性

與認知性。

適合嬰幼兒的圖畫書

「孩子什麼時候可以開始看書？」這是許多父母的共同疑問。其實，孩子在出生後就可以開始「接觸」書，特殊材質與功能的書籍及父母的表達方式，皆可協助孩子接觸書中的內容。

所謂「玩具書」，它的定義即可以看、可以玩的書，適宜學齡前的嬰幼兒使用。至於選擇方式，父母應先瞭解孩子的發展階段，配合其發展程度來擇取，以下便介紹適合各年齡層的圖畫書，供父母參考。（同時參考表4-6）

0～3個月

此時嬰兒無法坐或取握物品，僅能仰臥或俯臥，視覺發育也未完成。因此，其強烈對比的顏色、具五官的人或動物的畫面，較容易引起孩子的興趣。

能直立並放在床邊的塑膠書，可協助孩子脖子的挺立。鮮麗對比的色彩可刺激孩子視覺的發展。

3～6個月

此時期的寶寶常以口來探索事物，父母選擇圖畫書應注意色彩對比、安全性高、可咬、可玩，塑膠書、布書皆宜，操作性書籍則可訓練孩子小肌肉的發展及手眼協調的能力。

7～9個月

此時寶寶已具抓握能力、會爬、會翻書且具自主能力，父母應給予寶寶大小適中的書，讓寶寶自行翻閱，硬紙板書在這個時期是很適宜的。

9～12個月

寶寶在此時已會站、會走或扶著走，因此，可拖拉邊走邊看的學步書、刺激五官的感官操作書、音樂書，富趣味性、變化性的書都很適宜寶寶觀看。

1～2歲

此時父母應配合孩子的發展，選擇符合孩子生活經驗的書籍，藉以建立孩子的生活習慣，能加強其發展、促進心理成長的書，例如，生活類、

幻想類、認知類、無字圖畫書書皆很適宜。

如何與嬰幼兒分享圖畫書

共讀前應有的觀念：

1. 因孩子的專注力差，父母應先接受孩子「玩書」的行為。
2. 孩子專注力差，父母為增加其注意力，應採「時間短、次數多」的原則，且應懂得掌握時機，如多利用睡前，以增強效果。
3. 因這個時期孩子的表達能力仍不夠，父母應允許孩子充分表達他的感受。

共讀時的策略與技巧：
一～二歲的孩子，父母與寶寶共同看書時可遵循以下的步驟：

1. 引起孩子對書籍的注意力。
2. 對孩子提出開放性的問題。
3. 耐心等待孩子回答，若孩子未回答，父母可協助他。
4. 先認同孩子的回答，倘若孩子的答案錯誤，父母應舉出錯誤與正確答案二者的特徵與差異，並重複告知正確答案。

父母與二歲以上的孩子共讀時應注意事項：

1. 勿將看書視為家庭作業，以減少孩子的壓力。
2. 選擇的題材應考量其年齡、興趣與發展。
3. 選擇適當的時機。

父母與二歲以上孩子共讀時的原則：

1. 依孩子的能力，用自己的話來說明書中的內容。
2. 加入適當的手勢與表情。
3. 聲音是最重要的，但非怪腔怪調，音調應適合並有高低。
4. 一次看完一本書，勿分段，以免孩子忘記前情。
5. 耐心為孩子重複閱讀。
6. 勿給予孩子太多的壓力，最好以對談方式進行。

資料來源：吳幸玲 (1997)，《親子話題》，郭靜晃等著，台北：揚智，頁206-214。

表4.6　0～3歲寶寶的閱讀書單

0～2歲發展特質	建議閱讀圖書
1.感官發展迅速	（感官操作玩具書）
2.對節奏聲音特別有反應	Visual display（Johnson & Johnson）
	小船魯啦啦（信誼）
3.強烈對比的顏色有助視覺發展	小青蛙（澄運）
	Who are they?（Greenwillow）
4.運用五官探索周遭事物	What is that?（Greenwillow）
	Pat the bunny（A Golden Book）
5.透過遊戲操作學習	好吃的食物（上誼）
	可愛的動物（上誼）
6.專注力短暫	My guiet book（Alma's Designs）
	Sevi's cloth book（Sevi）
7.開始建構語言能力	（語文類圖畫書）
	新幼幼小書（信誼）
	親子遊戲動動兒歌（信誼）
8.學習基本概念	（概念類圖畫書）
	棕色的熊、棕色的熊、你在看什麼？（上誼）
	翻轉拉跳立體玩具書（上誼）
	1.2.3 to the zoo（Sandcastle）
	好餓的毛毛蟲（上誼）
9.生活經驗有限，興趣以自己熟悉之人事物為主	（生活類圖畫書）
	上床囉！（上誼）
	達達長大了（信誼）
10.學習自理、自助的技巧	Once upon a potty（Barron's）
11.建立對人的基本信任	

續表4.6

3歲發展特質	建議閱讀圖書
1.語言發展迅速	（生活類圖畫書）
2.以自我為中心	Fish is fish（Knopf）
3.視萬物皆有生命	月亮，生日快樂（上誼）
4.尋求溫暖、安全的人際關係	和我玩好嗎？（遠流）
	小藍和小黃（台英社）
5.學習獨立自主，由成長中獲得滿足與喜悅	猜猜我有多愛你？（上誼）
	逃家小兔（信誼）
	小帝奇（台英社）
6.對周遭世界充滿好奇	（幻想類圖畫書）
7.透過想像遊戲學習	在森林裡（遠流）
	假裝是魚（信誼）
	我的秘密朋友阿德（遠流）

組合、藝術用品、或用於戲水玩沙之建構玩物皆是適合此年齡玩的玩物。

　　嬰兒階段除了玩物遊戲之發展，另外還有二個重要的遊戲特徵，表徵遊戲（symbolic play）及社會遊戲（social play）。表徵遊戲出現在孩童第二年的生活（大約在十二至十三個月時），它的出現是事出突然的，然後卻是漸進及相當可預期的方式及途徑進行，基本上我們可以從三個要素：去除自我中心（decentration），去除脈絡化（decontextualization）和整合（integration）來加以審視（參考表4.7），茲分如下：

　　1.去除自我中心：孩童的發展一般是從自我為中心轉變到以他物為中心。最早的假裝遊戲在嬰兒一歲時，大都是由

表4.7 兩歲時假想遊戲的發展趨勢

階段	去除自我中心	去除脈絡化	整合
12個月	佯裝的動作是以自我為中心，通常發生在小孩一人獨處時，並且涉及每天生活所熟悉的儀式。	以實際的方法使用眞實的替代品。	在不同表徵遊戲活動之間鮮少有證據可證明其彼此間有關聯。
18個月	假裝活動是由孩童主動開始而以非擬人化的物體當作佯裝行動的對象。	在外觀和功能上替代的物品是較不眞實的。	以「單一基模的結合體」方式將許多相關聯的活動組合起來。
24個月	非擬人化的物體現在即是佯裝活動的發動者，也是佯裝活動的替化物。	替代的物品和它們所代表的東西在外形上毫益相似之處，在使用上也和原來的功能大異其趣。	多種基模的組合。由兩個或兩個以上的活動所組成，而每一個活動各有不同的主題。

資料來源："Representing the social world in symbolic play: reality and fantasy," by I. Bretherton. In *Symbolic play: the development of social understanding* (pp.3-41) edited by I. Bretherton, 1984. New York: Academic Press. "The developmental progression of play," by L. Fenson. In *Play interactions: the contribution of play materials and parental involvement to children's development* (pp.53-66) edited by A. W. Gottfried & C. C. Brown,1986. Lexington, MA: Heath. "methodological issues in studying early pretend play," by L. McCune-Nicolich & L. Fenson. In *Child's play: developmental and applied* (pp.81-104) edited by T. D. Yawkey & A. D. Pellegrin, 1984. Hillsdale, NJ: Eribaum. *Play, dreams, and imitation in childhood* by J. Piaget, 1962. New York: Norton. *Symbol formation* by H. Werner & B. Kaplan, 1983.New York: Wiley.

自我主導的佯裝動作（make-believe acts）所組成的（Piaget, 1962）。之後，孩童開始表現去除自我中心的現象，而能將非擬人化的物體加入他們的假裝遊戲中，他們進行佯裝的對象不是他們自己，而是其他的物體。例如，小華在一歲二個月左右是假裝洗自己的臉，而在一歲四個月則開始假裝洗皮卡丘的臉。

2.去除脈絡化：假裝遊戲的第二要素是去除脈絡化，亦即利用一物體代替另一物體。當孩子還小時，他們利用假裝的玩物最好要與真實物體相似，例如，玩具電話被用來假裝打電話，直到他們漸漸長大，他們所使用的替代物品才會變得愈來愈不真實，例如，用積木當作電話。

3.整合：當孩子能有整合的能力，他們的遊戲才會愈來愈有體系。大部分的孩童在出生後的兩年裡，他們的假裝遊戲是單一情節、片斷的，而且也常會從一種遊戲活動轉換到另一種遊戲活動，這些活動之間卻鮮少有所關聯。直至兩歲之後，整合的過程才會變得愈複雜且呈現「多種基模的組合」，而這種組合是需要語言與表徵能力，並能對日後戲劇遊戲能力奠下根基。

嬰兒的社會遊戲是隨著年齡增長而逐漸變得明顯，大約也是在出生後一年，他們會自動地將周遭的人融入到他們的遊戲，這些玩伴大都是父母、兄弟姐妹。近年來，愈來愈有可能兒童的玩件是來自家庭以外的人，例如，保母、老師、兒童社工人員、或同儕。成人們在嬰幼兒遊戲中的主要功能是擔任指導者，啟蒙孩童遊戲的流程，控制加入新遊戲的頻率，配合孩童的行為去分辨遊戲的強度，以及給予支持和鼓勵。

即使是出生後的幾個月裡，嬰兒對同儕是極有興趣的，然而，自一歲半後，孩童即會有大量的、多樣化的同儕溝通與互動。雖然和成人的互動會比同儕的互動來得早，但是隨著年齡的成長，他們的社交遊戲和社會扮演遊戲也逐漸增多（參考表4.8）。這可能是大人是提供嬰幼兒遊戲鷹架結構的啟蒙者，但在一歲半之後，兒童便自己發展與同儕互動的鷹架結構，將有助於其日後與同儕進行遊戲及加增其社會技巧。

表4.8 一歲至三歲幼兒的社交遊戲和社會扮演遊戲的等級

社交遊戲	社會扮演遊戲
12～15個月：平行遊戲，有目光的接觸和／或社會行為的互換，例如，微笑或發出聲音。一孩童瞭解到另一孩童是潛在的玩伴。	假裝活動是在另一孩童的身旁進行，但是，第二個小孩對第一個小孩的遊戲不作出反應。
5～20個月：當從事相同的社會活動時，孩童們會進行社會交換。例如，當孩童一起在沙坑裡玩耍時他們相互微笑或發出聲音。	當孩童們目光接觸時，會做出相似或同樣的動作。例如，兩個小孩各自將洋娃娃推倒至娃娃車裡。
20～24個月：當有共同的目標時，孩童們會整合他們的動作，但是目標是由活動本身設定的。這些動作是有共通意義的，例如，官兵捉強盜，堆起積木再推倒。	相似或相同的動作摻雜著意見的交換在其中。例如，兩個小孩互相笑著，當他們將洋娃娃推倒在娃娃車裡，或是某一個小孩將洋娃娃拿給另一個小孩。
24～30個月：孩童從事聯合的行為以達成共同的目標，但是遊戲的目標是由孩童自己所設定的。例如，兩個小孩一起工作，造一條路好讓卡車通過。	孩童們有一個共同的假裝主題，但是卻不努力整合彼此間的活動。例如，兩個小孩玩「茶會」的遊戲，但卻各自倒茶、加糖等等。
30～36個月：現在會有互補角色的區別。例如，某個小孩在某一項活動中是領導者，而另一個小孩是追隨者。某一個小孩主導造路的計畫，而另一個小孩則負責準備積木。	以互補角色產生聯合的假裝活動。如兩個小孩不再各自倒自己的茶，而是一個人倒茶而另一個人加糖。母親和嬰兒的遊戲和醫生與病人的遊戲開始出現了。

資料來源："Social pretend play in toddlers: parallels with social play and with solitary pretend" by C. Howes, O. Unger, & L. B. Seidner, 1989. *Child development*, 60, pp77-84. The Society for Research in Child Development, Inc.

在兒童遊戲情境之規則與佈置除了考量兒童之適齡，也要考量孩童之適性。即使連年紀很小的兒童也能分清那些玩具和活動適合女生，那些適合男生，但沒有人能說清楚其中原委。不過，對於這種依靠性別分類（gender tying）的情況

有兩種主要理論可以解釋。一是學習理論（learning theory），另一是認知發展理論（cognitive-development theory）。主張學習理論的人認為：兒童透過模仿和增強來按照適性方式規範自己的行為，例如，選擇適合自己性別的玩具而不挑選被認為是適合其他性別的玩具，即是其中的一種方式。而幼兒即透過對環境體驗的反應來塑化他或她的行為舉止。另一理論認知發展理論認為兒童是逐漸認識性別概念，他們之所以參與和自己性別相適應的適性活動，是因為這些活動與他們正在形成中的性別概念相符。Kohlberg（1966）說明兒童瞭解其性別概念是經過性別認同（gender identity）、性別穩定（gender stability）及性別恆定（gender constancy）三個發展階段，在性別認同階段，學齡前幼兒從自己生理特徵中認識男女是不相同的；在性別穩定階段，兒童認識性別是一成不變的，男童和女童長大以後會分別變成男人和女人；在到六、七歲時，兒童達到性別恆定階段，兒童會意識到，無論個體外貌出現什麼樣的變化，性別仍都會維持原狀。

即使個體很小（約十個月大時），就有性別偏好的玩具，而到底何種是「男孩的」玩具，什麼是「女孩的」玩具呢？這些劃分除了兒童實際遊戲中所表現的偏好，成人也會對性別符合程度做出貼標籤及呈現雙向過程的玩具偏好行為，或者綜合兩種情況所作出反應。如果孩童所玩的玩具與成年人認為適合某一性別的兒童，那此種玩具就被認為是與其性別相符，反之則不符合，表4.9即普遍被認為符合男性或女性的玩具。

除了玩具之外，心理學家Harriet Rheingold和Kyne Cook（1975）針對96名一至六歲的兒童家中臥室進行性別差異之研

表4.9　被認為與性別相符的玩具

（依據兒童的實際遊戲偏好或成年人的獨立評量結果）

男孩玩具	女孩玩具
賽車組合	時裝玩偶
火車	時裝玩偶配件
玩具槍和組件	母子玩偶
運動導向的競賽	娃娃玩具車和手推車
積木	玩偶之家
小汽車和卡車	扮演／烹飪玩具
電動玩具	化妝盒
建構玩具	玩偶家具
模型組合	填充布娃娃
體育器材	女式服裝
工作台和工具	玻璃球
對講機	蠟筆、美術材料

資料來源："Home environments and toy preferences of extremely precocious students" by C. P. Benbow, 1986. Paper Presented at the Meeting of the American Educational Re-search Association, San Francisco. "Behaviorally based masculine and feminine activity-reference scales for preschoolers: correlated with other classroom behaviors and cognitive tests" by J. M. Connor and L. A. Serbin, 1977. *Child develompent*, 48, pp.1411-1416. "Sex-typed toy choices: what do they signify?" by N. Eisenberg. In *Social and cognitive skills: sex roles and children's play* (pp.45-70) edited by M. B. Liss, 1983. New York: Academic Press. "Young children's use of toys in home environments" by M. Giddings and C. F. Halverson, 1981. *Family relations*, 30, 69-74. "Sex stereotyping in children's toy advertisements" by L. A. Schwartz and W. T. Markham, 1985. *Sex roles*. 12. pp.157.170. "Toys, spatial abillity, and science and mathematics achievement: are they related? " by D. M. Tracy, 1987. *Sex roles*, 17, pp.115-138.

究（參考**表4.10**）。結果發現：男孩子的臥室擁有更多的動物陳設品、教育和美術材料、時空玩具、體育器材、動物玩具和車輛；女孩子臥室裡的陳設品唯一多於男孩的是玩偶、花

表4.10 九十六名12至72個月大的兒童臥室陳設品

1. 動物陳設品（家具、床單、照片、海報、地毯和具有動物特色的枕頭）
2. 書籍
3. 玩偶（嬰兒和人物、玩具兵、牛仔和印第安人等）
4. 教育／美術材料（帶有字母和數字的圖表、繪畫材料、圖畫、顏料或雕塑材料）
5. 花形陳設品（床單、照片、壁紙、被單、枕頭和繪有植物或花卉的地毯）
6. 家具
7. 樂器（玩具或真正的樂器、收音機和錄音機）
8. 摺邊飾品（裝有蕾絲或花邊的床單和窗簾）
9. 與時空有關的物體（旨在向兒童傳授時間、空間、能量和其他物理學知識的物質材料，例如，磁石、鐘、地圖和太空玩具）
10. 體育器材
11. 動物標本
12. 動物玩具（包括：穀倉或動物園等建築）
13. 車輛

資料來源："The contents of boys' and girls' rooms as an index of parents' behavior" by H. L. Rheingold and K. V. Cook, 1975. *Child development*, 46, pp. 459-463.

形陳設品和摺邊飾品。書籍、樂器和動物標本以及傢具的數量則沒有呈現性別差異。

　　大多數對兒童遊戲中出現性別差異之研究主要集中在四個方面：（1）玩具選擇；（2）幻想遊戲；（3）帶有打鬥成份的狂野嬉鬧遊戲（rough and tumble play）及（4）有規則的遊戲。通常把玩具選擇之性別差異歸因為文化因素，例如，成人、同伴和大眾傳媒之社會化代理人之互動所影響。幻想遊戲在性別差異則呈現在使用道具、幻想的角色和設計的主題三個方面。女童因具有較強的幻想遊戲能力，所以比男童更有意願玩此類遊戲，而且也較願意選擇家居和家庭等

扮演的角色。在狂野嬉鬧遊戲中，研究發現男童較女童會更加頻繁地參與此類遊戲。規則遊戲也具有性別差異，也是男童比女童更積極而且內容會更複雜，更有競爭性也更持久。

參考文獻

中文部分

內政部統計處（1997），《中華民國八十五年臺灣地區兒童生活狀況調查報告》。內政部統計處編印。

李明宗（1993），兒童遊戲，《兒童遊戲空間規劃與安全研討會》，2，1-5。

郭靜晃譯（1992），《兒童遊戲》（James E. Johnson et al., *Play and early childhood development*）。台北：揚智。

郭靜晃譯（2000），《兒童遊戲：兒童發展觀的詮釋》，台北：洪葉。

郭靜晃、吳幸玲、呂素美（1997），《親子話題》，台北：揚智。

黃秀瑄（1981），從輔導觀點談休閒活動，《輔導月刊》，17，11-12。

潘慧玲（1991），我國兒童之遊戲行為，《師大學報》，37，111-131。

鍾騰（1989），兒童休閒活動面面觀，《師友月刊》，266，11。

英文部分

Belsky, J. & Steinberg, L. D. (1978). The effects of day care: A critical review. *Child development*, 49, 929-949.

Casper, L. M. (1996) Who's minding our preschoolers? *Current relation report* (p.70-53). Washington DC:US Department of Commerce.

Golden D. B & Kutner, C. G. (1980). *The play development progress scale*. Unpublished manuscript.

Garvey, C. (1977). *Play*. Cambridge, MA:Harvard University Press.

Howes, C. (1988). Peer interaction of young children. *Monographs of the society for research in child development*, 53 (Serial No.17).

Kohlberg, L (1966). A cognitive-developmental analysis of children's sex-role concepts and attitudes. In E. Maccoby (Ed.) *Development of sex difference* (pp. 82-173). Stanford CA. Stanford University Press.

Parten, M. (1932). Social play among preschool children, *Journal of abnormal and social psychology*, 28, 136-147.

Philips, D. McCartney, K., & Scarr, S. (1987). Child-care quality and children's social development, *developmental psychology*, 23, 537-543.

Piaget, J. (1962). *Play, dreams, and imitation on childhood*, New York: Norton.

Piaget, J. & Inhelder, B. (1969). *The psychology of the child*. New York: Basic Books.

Rubin, K. H., Fein, G. C., & Vandenberg, B. (1983) Play. In P. H. Mussen (Ed.), *Handbook of child psychology* (4th ed., 693-774). New York: Wiley.

Rheingold, H. L. & Cook K. V. (1975) The contents of boys' and girls' rooms as an index of parents' behavior. *Child development*, 46, 459-463.

5. 理想的托育環境

◎ 空間分析

◎ 遊戲場

◎ 兒童遊戲權

◎ 兒童遊戲宣言

◎ 參考文獻

"All I ever really needed to know I learned in Kindergarten"

大部分我需要知道的事，我都在幼稚園學過了。智慧並
非來自巍巍的學術殿堂，而是來自於幼稚園裡的沙坑
中。

　　高度的經濟發展，造成台灣都市化的現象，因為地小人
稠、寸土寸金，使得高樓大廈崛起，居住空中化，雖然歷年
來的住屋空間水準看似增加：民國八十二年平均每戶居住面
積就達32.9坪，每個人的居住面積亦有8.04坪之多（主計處，
1993），但整個大環境的居住品質卻因高度的都市開發而日益
惡劣，水泥取代了綠地，樹木變成了路燈，因此兒童可以自
然、安全、盡情活動的遊戲空間也就相對地減少了，托育機
構更是遁身於水泥叢林之間，甚至有公寓化、地下化的現
象，連托育家庭也因缺乏環境管理概念而影響托育的品質。
因此如何在有限的面積中，改善或重塑既有的遊戲空間，締
造出「麻雀雖小，五臟俱全」的托育環境，以幫助幼兒健全
地發展，保障其遊戲權，實有賴妥善、有效的空間分析與規
劃。
　　本章擬由「空間分析」與「遊戲場」兩方面來論述一個
理想的托育環境所需具備的物理條件。在人權主義高漲的當
代，不容忽視兒童也有從事遊戲以促進其發展的權利，一個
理想的托育環境不僅要能提供完善的設施，從事幼教（托）
者更應尊重並保障兒童遊戲的權利，始能使之發揮最大的功
效。「兒童遊戲權」之觀念在國內尚屬起步階段，本文最後
將對其發展與現況做一介紹。

空間分析

近年來各界呼籲開發幼兒智能與潛力的理念方興未艾，各式各樣標榜著師承各家學派的托育機構亦如雨後春筍般出現，另外也有大量婦女投入家庭托兒的行列，當這些托育中心與托育家庭逐漸取代了家庭教養嬰幼兒的責任時，人們便開始注意如何製造高品質的托育環境。托育環境的品質受到很多因素的影響，以下將針對托育機構的遊戲環境來做空間分析，期能建構起空間管理的概念，以作為專業家庭保母佈置托育環境與設計遊戲情境的參考。

兒童無時不刻不在玩，遊戲便是他們的工作，也是他們成長過程中不可或缺的營養素和促進身心發展的原動力，許多心理學家與幼教專家均提出各種有關兒童遊戲與成長關係的觀點，此種「寓教於戲」── 在遊戲中學習的教保趨勢在國內已是不爭的事實。針對當今幼教實務的時代性課題，大致可分為七大教保理論模式，這些類型的托育機構都有開放的、認知的、生活技能操作與學習角落等共通性，並與園所環境、社區以及自然生態環境有著共生的關係（胡寶林，1996），茲就其物理環境之特色，整理如下（表5.1）。

評鑑一個托育機構的優劣，重點並不在於是採用何種教保理論，而是其空間規劃與師生互動。陳秀才（1997）便曾參考我國幼稚園評鑑內容與美國幼兒教育協會（NAEYC）發展出來的一套設置標準，列出一個理想托育機構所需具備的七大要素，其中首要條件便是要有足夠的物理空間以及標準的遊戲設備；在美國教育研究協會的一次年度研討會上，亦曾強調空間分析對幼兒行為發展的重要性，其內容指出：空

表5.1 不同幼教實務機構類型之物理環境特色

	空間特色	教具佈置
皮亞傑幼兒園 Kindergarten	開放性遊戲空間，依認知發展特性做角落設計	認知實驗與小組討論
福祿貝爾幼兒園 Kindergarten	以自然環境為幼兒的遊戲空間	大自然恩物（gift） 人為恩物
蒙特梭立「兒童之家」 Children's House	開放空間佈置，注重適合兒童尺度的人體工學	自助式蒙氏教具
美國式的開放教育 Open Education	擬社會化空間情境，「無牆園舍」概念，打破班級界線，活動擴至走廊	學習角落的佈置
渥德甫幼稚園 Waldort Steiner Kindergarten	注重花園式戶外空間建築體採不規則外形，室內形成多個凹室角落	不用塑膠製品，雕刻不具標籤的抽象化玩具（例如，石頭、樹枝）
瑞吉歐幼兒教育系統 Reggio Emilia	方案教學廣場與工作室的空間設計	空白大牆面以利方案教學
改革實驗模式的兒童群 Kindergroupe	以社區為遊戲空間，空間與自然環境共生	家長自助建造園所

資料參考：胡寶林，（1996）

間的大小和佈置對幼兒發展有莫大的影響，幼兒的學習與遊戲行為均受制於所處的物理環境。因此，無論是採用何種教保理論，也不管是機構式或家庭式（保母）托育，均應包括

足夠的物理空間以容納所有收容的幼兒，遊戲設施的佈置亦需兼顧安全性與發展性。

　　一個理想的托育機構除了教學活動之設計外，更應講求「境教」功能的發揮，藉著空間分析，室內環境的規劃應注意空間密度的大小與動線安排的合理性，戶外遊戲場則應是兼具挑戰性、邀請式與安全無虞的地方。

空間分析

　　所謂空間分析便是去瞭解空間大小與環境的內容，以及這些內容間如何發揮整體的功能。合理的「空間密度」可藉由公式來計算每個幼兒可使用的空間大小，遊戲環境的內容則可分為「遊戲單位」與「潛在單位」兩種，至於這些內容如何發揮整體功效則有賴「空間組織」。

空間密度

　　空間密度是指在遊戲環境中平均可供每個孩子使用的空間大小，其度量方法乃以幼兒人數作為空間分析的依據，將房間大小減去不可用的空間，例如，桌子、傢具大小，再除以孩子的人數，便是空間密度的大小，計算公式如下：（引自郭靜晃，1992）

$$空間密度 = \frac{房間大小 - 不可用的空間大小}{幼兒人數}$$

　　國內外有關空間密度對幼兒遊戲行為影響的研究很多，結論眾說紛紜，不過可以確定的是，空間密度對幼兒遊戲行

表5.2 托育機構之室內、外空間密度規範

單位：平方公尺

平均每人	室內面積	室外面積	樓層	避難設施
托兒所設置標準	1.5	2，可以室內取代	3樓以下	無
幼稚園設備標準	1.5	2	1樓	地下防空室

省、縣轄市標準

為有絕對的影響。大部分研究指出：沒有區隔的低密度空間，容易有追趕或粗野嬉鬧的活動（Hutt & Vaizey, 1966）；相對的，密度越高，每個孩子平均可使用的空間就越少，則大動作遊戲便會降低，因為擁擠甚至易導致較多的攻擊行為（Smith & Connolly, 1980）。

　　世界各國對托育機構的遊戲空間密度都有一定的規範，例如，美國幼兒教育協會（NAEYC）公布的標準為每個幼兒室內活動面積至少要有3.25平方公尺，室外為6.97平方公尺。我國公部門管轄托育機構則屬「雙頭馬車」制度（胡寶林，1996），幼稚園歸教育部管轄，設有「幼稚園設備標準」；托兒所則由內政部主管，另有「托兒所設置辦法」，兩者對托育機構的室內、外空間密度各有不同的規範（表5.2），一般來說托兒所的標準較幼稚園為低。近來因為行政院的關切，使得在幼教界延宕有30年之久的幼托整合議題又再度被炒起，內政部與教育部也提出一些整合方案的草案，其中對環境設施之規範，除建議要有統一的標準之外，業者也鑒於台灣寸土寸金的成本考量，希望在不影響公共安全及教保品質（師資標準從嚴）的前提之下，立案從寬，亦即以較低的托兒所標準為標準，甚至再降低，犧牲戶外空間。殊不知兒童的工

作即是遊戲、想改變一個人必先改變其環境（J. Deway），遊戲空間對幼兒發展的影響實不下於教師，因此如何在理想與現實之間，堅持一個高品質的托育環境，保障兒童遊戲權，在在考驗著一個決策者的智慧。

理想的托育環境應要能提供每一個幼兒充分的遊戲空間，除了基本的物理空間密度之要求外，如能從空間分析的角度兼顧遊戲單位的複雜度與多樣性，在既有的空間中增加每位幼兒的活動總數，將更能提昇托育的品質。

遊戲單位

在托育環境的內容中對幼兒最重要的莫過於「遊戲單位」與「潛在單位」兩種（Jeanne等著，王正明譯，1999），潛在單位是指一些閒置的空間，諸如一個空箱子或是空角落，在這裡可以很容易的添加各種遊戲器材，亦可彈性地用來做較大的空間變化，但是如果這些潛在單位沒有被教師發現，便會成為一個製造麻煩甚至危險的地方。相對於潛在單位，遊戲單位是指可提供遊戲情境的空間和器材，其構成內容可由活動功能的多樣性與遊戲設施間使用的複雜度兩方面來討論。不同於空間密度，遊戲單位是「興趣」的度量單位（王正明，1999），在一個空間有限的托育環境中，可藉由增加遊戲的複雜度，或豐富活動內容的多樣性來增加幼兒的活動總數，保持其興趣。

複雜度

通常遊戲器具（玩物）的結構越簡單越原始越好，遊戲材料越複雜則遊戲的創造特質就越低，創造性玩物發起人Caplan（1973）就指出：複雜和逼真的玩具會妨礙幼兒自由

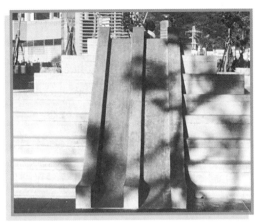

只有單一滑梯的遊樂場看起來雖然可容納和複合式沙坑一樣多的幼童，但因其興趣的持久性比不上複雜單位，因此使用成效是較差的。

將可塑性極大的水做一變化，例如，水球或水柱，便可成為趣味盎然的複雜單位。
圖左：美國西雅圖公園。圖右：天母運動公園

創造遊戲的機會，因為他只能依照設計者的意向，按一定的步驟來組合或使用而已。但是提高遊戲器具使用的複雜度（complexity），則能讓兒童作更富變化性、延展性的操作，不僅可持續幼兒的興趣，更可以增加單位空間內所能提供的幼兒活動量（徐立言，1996）。針對遊戲設施使用的複雜度，遊戲單位可分為三個等級：簡單的、複雜的與超級的。

簡單單位：是最基礎的遊戲單位，有明確、單一的用途，無附屬零件或設施可供自由操控。例如，洋娃娃、玩具車、單一滑梯或一個沒有任何設備的沙箱。

複雜單位：具有附屬零件或並列兩種可供幼兒自由操作的不同遊戲器材之遊戲單位，像附帶有挖掘工具（例如，鏟子、挖土機）的沙箱、有扮家家酒用具的娃娃家均屬之。若一個單獨器材可以鼓勵自由創作，（例如，積木以及黏土、摺紙等美勞材料），或是將可塑性極大的水做一變化（例如，噴水柱）也包括在本範圍內。

超級單位：具有三種或三種以上不同類型的遊戲器材並列的複雜遊戲單位。例如，結合水區與挖掘器材的沙坑，以及一些綜合遊戲場。

許多簡單單位如只有單一滑梯的公園遊戲場，看起來雖然可容納和複雜單位（例如，複合式沙坑）一樣多（甚至更多）的幼童，但因其興趣的持久性比不上複雜單位，因此使用成效是較差的。一個複雜或超級單位通常可藉由重新安排簡單單位或加入後援（例如，桶子、木箱）來輕易構成，在可搬動的範圍內，幼兒們就經常隨性地創造出許多屬於他們自己的超級單位。

表5.3 常見遊戲設施種類之遊戲功能

遊戲功能	一般常見遊戲設施
建構	各式積木
駕駛	大型玩具車、腳踏車
搖盪	鞦韆、浪船、彈簧搖馬、吊床、翹翹板
滑行	溜滑梯、斜板（坡）
攀爬	攀爬架、繩網（梯）、爬槓、斜板（坡）、攀岩、井型木堆
平衡	平衡木、井型木堆、橋、高低樁
懸吊	單槓、吊環
旋轉	旋轉台、地球儀
翻滾	球池、草坡
丟擲	球池、球架（網）
跳躍	跳床、高低樁
探險	迷宮、隧道
潑灑	水池
挖掘	沙坑
戲劇扮演	遊戲屋、城堡、料理台（例如，食物、木工），玩偶台

多樣性

　　遊戲單位的多樣性則是指遊戲環境中可吸引幼兒興趣之活動功能的數量，例如，滑行、攀爬、搖盪或戲劇等功能，其與遊戲設施是屬於簡單、複雜或超級單位無關。譬如一個由五種不同造型的彈簧搖馬、一個浪船、三組鞦韆和一個雙槽滑梯所組合而成的綜合遊戲場，雖有十個簡單單位，四種類型遊戲設施，構成一組超級單位，但其空間所能提供的遊戲功能卻僅有搖擺和滑行兩種而已，也就是說，一個有各式遊戲器材的超級單位，不見得具有多樣性，但一個多樣化的遊戲設施經常是由複雜或超級單位所組合而成。有關設施種類之遊戲功能詳見**表5.3**。

嬰幼兒經過抓、握、坐、爬、走等序列發展，不僅強化了身體肌肉的力量，亦能協助腦部感覺統合。如何能讓孩子在愉快的情境下健全的發展，透過多樣性的遊戲設施是最具成效的，因為單一活動容易讓人感到單調，因此若能組合不同功能的遊戲設施產生新的變化，如針對爬行階段的嬰兒設計一具攀爬、鑽洞與滑行等多功能的複合遊戲單位，則這些多樣化的活動將更能吸引幼兒樂於重複遊玩與練習。另外一個增加多樣性的方法經常存在原有的遊戲架構中，因為某些遊戲設施常潛在有超過一種以上的遊戲功能，只要適時加入某些援助物，將更能激發另一種遊戲潛能，例如，目前托育機構室內遊戲設施中最常見的球池，其不僅可提供身體觸覺與翻滾的功能，亦可藉由添加物如籃球架或滑梯等物來開發丟擲甚至跳躍等多樣潛力。

空間組織

至於潛在單位與遊戲單位在空間中運作的方式則取決於它們是如何被組織的，空間組織的效率對遊戲環境品質有著關鍵性的影響，一個徒有豐富遊戲設施的空間，如果缺乏有效的組織，亦無法發揮最大的功效。良好的空間組織需藉由動線規劃形成一個清楚的路徑（path），以創造寬敞充裕的活動空間，發揮整體的功效。所謂路徑乃是指從一處通往他處的通路，一個清楚的路徑應該是寬闊的、延伸的以及容易看見的（王正明，1999），假如你在遊戲空間中無法明顯的觀察出幼童是如何從一處移往他處，則表示空間的動線安排出了問題，造成沒有一個清楚通暢的路徑。為了能更清楚路徑的安排，蹲下來以幼童的視力水平觀看空間是有其必要的，有

些遊戲設施和幼童的比例相較之下儼然是一龐然大物，使得成人看得見的路徑，在幼童眼裡卻是障礙。為避免爭先恐後，類似的遊戲設施可用通道作前後連結或作放射狀遊戲動線，以疏散太多孩童同時搶著操作同一遊戲而引起無謂之紛爭；遊戲角的安排則需針對其內容特性加以組織，例如，娃娃家可以和生活操作區結合，但卻不宜離圖書角太近，避免干擾閱讀。對於不同性質之遊戲角，可以通道從中分為左右，以引發孩童使用時之新鮮感（陳文錦，1998）。經由路徑的安排，會出人意表地引領幼兒來到一個意想不到的角落，或從另外一個新的角度來觀看以前熟悉的遊戲單位，這些都有助於激發玩興。

日本環境設計師仙田滿教授在兒童遊戲環境方面有二十多年的專業研究，他發現若能掌握遊戲設施的組織，就可以很容易創造出遊戲活動，因而提出「循環遊戲系統」的概念（Circular Play System, 1982）。他認為在一個遊戲環境中必須要有清楚的動線，且活動過程絕非單一路徑，而是要有其他的捷徑或旁道，並有多個出入口，以形成環狀遊戲；另外，他亦提出戶外遊戲設施中要有象徵性的「高點」，並要能提供讓兒童感到「暈眩」的地方，因此他將路徑做一變化，設計出「管狀通道」兒童遊具、「人行橋」、「環型跑道」與「斜面」等諸多饒富趣味的遊戲設施，在目前許多遊戲場都可見到這類設施的蹤跡。

另外，有效的空間組織同時也與遊戲觀察及材料儲存有關。空間的配置要顧及能讓教師舒適、無干擾的觀察孩童的行為與發展，以便加以紀錄，至於遊具與材料則要能妥善、條理地存放在接近他們能取用的地方。通常可移動的器材比固定的遊戲設施賦予教師在環境配置上有更多的自主權。

遊戲場

　　一個理想的托育環境除了要考慮空間密度與組織之外，遊戲場的設計也是不可或缺的要素。一般而言，遊戲場（playground）有室內、外之分，室內遊戲場的優點乃可遮風避雨驅寒，免於天候因素的限制，但相對的便也較缺乏自然的特質；戶外遊戲場則可容納較大型的遊戲設施，除了能提供較為動態的活動，增強幼兒肌肉運動功能之外，亦是室內學習環境的延伸，是一個兼顧運動與發展的「活圖書館」（Frost & Klein, 1978，曾錦煌譯，1997）。

遊戲場的類型與環境比較

　　關於遊戲場的類型，Frost指出：一般成人所建造的遊戲場依其風格可分為四類：傳統式遊戲場、現代化遊戲場、冒險式遊戲場和創造式（或稱改良式）遊戲場，茲將其特色分述如下。

　　傳統式遊戲場：主要以提供身體運動為主，其特徵是在平坦不毛之地設置鐵製遊戲設施，例如，鞦韆、搖馬、翹翹板、溜滑梯與攀爬架等，這些設施皆以水泥固定安置成排，缺乏動線的安排，功能簡單亦較不注重發展性，未考慮兒童自然遊戲型式的連續，反倒注重「在成人的視線內」之安全顧慮遠勝於遊戲機能（曾錦煌譯，1997）。目前國內較傳統的學校與老式鄰里公園內的遊戲場大都屬於此類。

　　現代化遊戲場：往往是經由專業建築師設計，強調新奇特殊的造型，講求審美上的愉悅安排，大都使用專業遊具製

依據「循環遊戲系統」概念所設計出的管狀通道，人行橋與斜面等遊戲設施充斥在國內許多遊戲場中。

安置成列的傳統式遊戲場，功能簡單，較不注重發展性。

現代化遊戲場經由專業廠商設計製造，強調新奇的造型和審美上的愉悅安排。

表5.4 芬蘭玩具專業廠商為不同年齡層的使用者發展適合的遊具設施

系列名稱	適合年齡層	說明
First Class	4歲以下	幼兒遊具
Fantasis	3-8歲	組合遊具
System	4-12歲	組合遊具
Club	12歲以上	遊戲、社交性活動及戶外教學設施
Sport	成年人	運動、健身設施

造廠的設備，亦或昂貴的石頭與木材等材料為主，且有些設置於室內。國外有些玩具專業製造廠商會針對不同年齡層的使用者，發展適合的遊具設備（表5.4），反觀國內則較少有專業廠商為兒童量身訂作遊憩設施，僅在一些新興社區或企業附屬的遊樂場（例如，麥當勞奇趣樂園、新學友Kid Castle）以及新奇刺激的大型遊樂園設置此類遊戲場，這些遊戲場大都是會員（住戶）專屬或付費性質，且大多混齡使用。。

　　冒險式遊戲場：源自於二次世界大戰後Lady Allen等人的構想，是非常不正式的遊戲場，通常外有藩籬，內有儲藏區（storage）堆疊著各式搜括而來、可移動的廢棄材料與工具供兒童自由使用與創造，其遊戲設施亦是由具冒險性和挑戰性的多種遊戲單位組合而成，並有遊戲指導員（leader）在旁協助兒童的需要。在最近的幾年中，冒險式遊戲場在歐洲漸生頭角，多半位於大城市的公園中，包括：建構區、美術和工藝、動物飼養、植物栽植和各式遊戲設施。但在美國此類遊戲場並不十分流行，主要是因為衛生、整齊狀況較無法為人接受；台灣地區則因土地資源少、氣候溼熱不適合長時間做

戶外活動，似乎無法全盤照抄引進（徐立言，民85）。

　　創造式（或改良式）遊戲場：則是一種半正式的遊戲環境，它結合了以上三種遊戲場的特色，依照兒童遊戲的狀況來調整修改傳統遊具的種類，以提高或增加原設施之機能，由專業遊具製造廠的設備到零散、廢棄的材料皆可使用，以創造出更好的學習與環境。例如，信誼基金會附屬親子館與新竹小叮噹科學遊樂區的規劃就有這樣的趨向，有些新興學校與較具規模的托育機構也開始發展這類遊戲場。

　　Hayward，Rothenberg & Beasley（1974）比較上述四種類型遊戲場中的遊戲族群發現：國小學齡兒童在創造性的遊戲場中占了大部分（45%），使用傳統式（21%）和現代化（22%）遊戲場的比率則較低，在傳統式和現代化遊戲場中最優勢的族群反而是成人，分別占40%和35%；至於學齡前幼兒則在冒險性遊戲場上獨佔鰲頭（30-35%）。由此可見，冒險式和創造式的遊戲場較能投兒童所好，在傳統甚或設計感十足的現代化遊戲場，則成人常有積極介入甚至干涉兒童遊戲行為的情形。Frost & Campbell（1977）和Campbell & Frost（1985）曾比較二年級學童在傳統及創造式遊戲場的遊戲行為發現：就認知層次而言，創造性遊戲場出現較多的建構遊戲和戲劇遊戲，而傳統的遊戲場則以運動性和規則性遊戲較多；就社會性發展而言，傳統遊戲場比創造性遊戲場（29.5%：12.6%）明顯地有較多的平行遊戲，由於在創造性遊戲場有大範圍的遊具選擇性，因此易於刺激幼童有較多的單獨遊戲行為（引自曾錦煌，1997）。

　　此外，自一九八〇年代中期起，一些研究則紛紛指陳：孩子們在未經設計的鄰里遊戲環境遊玩的時間，遠比在特定

表5.5　不同類型遊戲場之遊戲環境差異

遊戲環境差異	傳統式	現代化	冒險創造式	鄰里遊戲環境
安全考量				
遊戲器材的安全性	++	+	+	+
遊戲行為的安全性	-	++	++	+
周邊環境的安全性	-	-	+	++
遊戲認知發展層次				
功能式遊戲	+	+	+	+
建構式遊戲	-	-	++	+
戲劇性遊戲		++	+	+
規則性遊戲	+	+	-	-
互動關係(與同儕之關係)				
平行遊戲	++	+	-	
共同遊戲		+	+	+
社會遊戲	-	+	+	++
遊戲指導(與成人之關係)		++	++	- -
遊戲挑戰性	-	+	++	+
設立及維護				
設立難易	++	+	-	
維護難易	+	+	-	

資料參考：陳章瑞（1996）

區域的遊戲場上玩的時間還要多（Naylor, 1985），在巷道、空曠地、電話亭等鄰里遊戲環境中常能發現兒童有較多的社會性遊戲，並蘊含豐富多樣化的社區地方特色（陳章瑞，1996）。

不同類型的遊戲場其安全考量、遊戲層次或設立維護上皆有不同，其差異茲參考陳章瑞（1996）之研究整理如（表5.5）。

遊戲場設備

　　理想的遊戲場上大部分的遊具都應具有彈性且易於搬動，此外，尚須有綜合遊戲設備，它是由固定組合的小平台（4-6呎寬）連結一些具挑戰性的遊戲設施（例如，台階、長橋、繩網與陡坡）而成，並能提供多樣化的運動功能（參考表5.3）。為了安全和增加玩性，這些移動和攀爬功能的設施應設置在有彈性的鋪面上，尤以沙子為佳，它是幼兒最喜歡玩的遊戲材料，其益處遠比它帶來的問題（例如，弄髒衣服、教室）重要的多，如能提供額外的物質如水，將更能提昇其遊戲價值（Frost, 1991）。除此之外，儲藏室也是必要的，可以存放那些可搬動的遊具；休息區亦不可或缺，除可讓照護者休憩等候之外，亦能提供觀察者作遊戲觀察與記錄。另外，遊戲場的路徑安排亦不容忽視，遊具間的排列及連結是否方便幼童使用，動線規劃是否順暢，皆是造成幼兒高層次遊戲行為及減少活動轉換的重要因素（楊淑朱，1998）。

　　可惜的是，從發展與學習的觀點來看，許多有意義的遊戲設備並不為大人們所支持，他們關注的焦點反倒是安全與衛生，所以一個冒險創造的遊戲場常被視為暗藏危險的廢物堆積場而否決，沙子更被視為髒亂源而以軟墊取代。但是對兒童而言，場地的潔淨與遊具的美醜並不是遊戲的重點，真正能引發玩興的是遊戲的歷程與結構，一個考慮廣泛的肌肉

活動及遊戲形式的遊戲結構組（play structures）的設計，不僅能提高遊具的複雜性與誘導性，往往也考慮了遊戲重組與延伸的可能性（徐立言，1996），一個完善的戶外遊戲場要能在有限的土地與監督人力下，融合自然環境，提供混齡活動，發展戲劇性（dramatic）或建構性（constructive）遊戲以增加幼童的玩興與創造性。

最後，特別要提出一種遊戲場中十分重要卻經常被忽略的設備——「遊戲場使用告示牌」。國內許多遊戲場（包括：托育機構內）都沒有設置此種告示牌的習慣，要不然就是規則內容空洞或缺乏宣導而形同虛設，因為管理不善，使得遊戲場的衛生與遊具的維護備受威脅，甚至導致意外事件的發生。

公共遊戲空間

受限於戶外遊戲空間的匱乏，都會型托育機構與托育家庭的外在社會資源更顯得十分重要。國內有許多私立托育機構是在民國七十八年以前便已設立，並不受空間標準相關法令的規範，意即即使空間設備不及設置標準，也不算違規，目前這些托育機構大都已通過相關安檢，校舍空間安全無虞，但室內、外面積仍明顯不足，尤其都會地區戶外空間取得不易，設置標準甚至有向下調整的趨勢——戶外空間可以室內面積抵充或鄰近公園取代，就算小有一隅室外遊戲場的托育機構，也大都是附屬在公寓騎樓的延伸（甚至違建）或消防巷，不僅空間侷促採光不夠，遊戲設施更是千篇一律沒有變化，因此，公共遊戲場的設置與規劃或可補強托育機構戶外遊戲場的不足，提供孩童一個更自然、寬敞的遊戲環境。

若能克服安全與法規問題，托育機構利用露台（左）與屋頂平台（右）作為遊戲活動場地似為不錯的考量，值得審慎評估。

國內許多遊戲場都沒有設置「遊戲場使用規則告示牌」的習慣，要不然就是規則內容空洞或缺乏宣導而形同虛設。

利用騎樓作為遊戲場，需注意安全問題。

鄰里遊戲環境

　　除了公共遊戲場的規劃，在社區資源共生的前提下，亦可將托育機構遊戲空間的領域範圍擴展至巷道、社區公園及廣場等鄰里環境。例如，荷蘭於七○年代一項社區環境改造計畫中提出的「生活巷」（woonef）便是一個很好的構想，其係一人車共存之住宅巷道，經過減速或管制等安全措施與綠化工作之後，擺設座椅與兒童遊戲設施以利兒童遊玩。此措施已廣為世界先進國家所接受，十幾年前被引進國內，取名「遊戲巷」，曾在台北市永康街實施，可惜後來因居民配合與交通宣導等問題而宣告失敗。此外，課後托育（安親班）的空間設計也一樣可加入社區總體營造的課題，與社區鄰里各類組織互動，以突破課後補習及才藝活動的刻板型態（胡寶林，1996）。

露台遊戲場

　　近年來，考量都會地區建築高層化、空氣品質不良與治安惡化等結構性問題，亦有學者認為室內遊戲場或可提供一個較能遠離塵囂甚或較為安全的遊戲空間，經由專業景觀設計，室內環境一樣可以「擬自然化」（徐立言，1996）。利用屋頂、露台作遊戲場也不是新奇的概念了，Lady Allen於其名著*Planning for Play*中便曾介紹兩個利用屋頂露台為遊戲活動場地的幼稚園，其對兒童遊戲場的規劃影響迄今，目前國外亦有人提供屋頂作為幼兒活動空間，不過被認為可能只是暫時之計（徐立言，1993）。我國雖受限於法規，托育機構僅能設置於三樓以下，但因建築容積率的實施，似給戶外露台（或屋頂）遊戲場多一層的考量（徐立言，1996），此概念仍

值得審慎評估。

　　一個理想的托育機構和托育家庭應要有對空間容納量的敏感度，並招收合理的托兒人數，再利用空間分析之原理妥善規劃空間，提供幼兒一個豐富有趣的遊戲環境，保母與保育人員更應扮演積極支持者的角色，創造遊戲機會，促進同儕的互動，始能提昇托育服務的品質。另外，隨著都市化發展，如何在有限的城市空間尋求發展更多的「小型鄉村」（compact countysides）（Frost, 1997），諸如：設置小型花園、魚池、水和沙土區，以提供都市兒童接觸自然的機會，並從傳統的鄉土遊戲中學習，這些都需要托育服務經營者敏銳的參與。

兒童遊戲權

　　遊戲之於幼童，就如同食、衣、住、行等需求一樣重要，更有寓教於樂的功能，因此，遊戲成為兒童生存與發展權利的一部分，已是顯而易見的事實（謝友文，1998）。聯合國世界人權宣言第24條規範提出：「人皆有權享受休息與閒暇」，同樣地兒童也是人，也有從事遊戲及休閒活動以促進其發展的權利。為保障兒童的遊戲權，聯合國於一九五九年第十四屆大會通過之「兒童權利宣言」中及率先揭示此一概念認為兒童遊戲與娛樂之目標與教育並無二致。爾後，國際兒童遊戲權協會（IPA）於一九七七年提出「兒童遊戲權宣言」（專題一），並於一九八九年修正通過，確立兒童之遊戲權，保障兒童擁有參與休閒、遊戲及文化藝術活動的權利，社會

與政府當局應盡力促成此權利之享受。

「國際兒童遊戲權利協會」（The International Association for the Child's Right to Play）舊名為「國際遊戲場協會」（International Playground Association, IPA），是一九六一年在丹麥召開的一個為保障遊戲權利的會議中成立的，但後來一些國際協會的領袖人物認為此名稱有些缺憾，似乎意味著對遊戲場的關切甚於對兒童的關心（Bengtsson, 1979），因此便改稱為國際兒童遊戲權利協會，並定期於各會員國舉行國際會議，研討各種遊戲相關議題，如第二屆IPA亞太地區研討會即在一九九八於日本舉行，主題為：環境變遷與兒童遊戲；第二屆國際兒童遊戲安全研討會則於一九九九在美國賓州舉辦，會中曾就兩歲、二至十二歲、青少年及特殊兒童四個族群來討論遊戲環境的規劃，並對托育機構、學校、公共場所及商業中心等不同地域特性的遊戲場有所討論，會中更對遊戲場安全保障及認證標準有諸多建言，實可為我國遊戲環境規劃與設置的借鏡。

近年來許多歐美國家陸續成立相關協會以保障兒童遊戲權，如英國即訂定每年八月的第一個禮拜三為「遊戲日」（Playday），一九九九年遊戲日的主題是「水」；美國則將一九九九年四月二十九日定為「遊戲場安全日」，鼓勵父母及兒童為社區遊戲場打分數，並讓孩子記住並遵守至少五項遊戲場規則。反觀國內，兒童人權正於起步階段，根據兒童福利聯盟（1999）「台灣地區兒童人權指標調查研究」顯示，便有多項基本人權不及格，更遑論兒童遊戲權的保障，多數父母、保母甚至幼保教師對幼童的教養態度仍停留在「管」先於「教」，「育」又優於「樂」的階段，遊戲往往只剩下殘餘價值——發洩精力，若再加上安全與衛生的考量，則遊戲對

兒童更是綁手綁腳毫無趣味可言了，這些現象可由托育機構的活動方案和遊戲空間的設計規劃中窺見一斑（往往視覺效果大於功能性）。

遊戲權是屬於兒童的一項「特殊權利」（謝友文，1991），應受到尊重與保障，其內涵包括：（謝友文，1998）

1. 瞭解與承認兒童遊戲的自發性與自主性。
2. 提供適齡適性的遊戲環境。
3. 發展遊戲空間設計理論與規劃技術。
4. 注重遊戲環境內容的多樣性與均衡性。
5. 在增進遊戲趣味性前提下保障遊戲安全。
6. 維護遊戲權益的公平性與充分的機會。
7. 制定相關法令政策並成立專業協會以利遊戲權的推展。

為維護兒童遊戲權益，首先要對社會大眾廣為宣導遊戲對兒童的價值，相關專業團體、教保人員與保母對此理念更需要有深切的體認，因此培訓兒童遊戲專業人才、舉辦遊戲相關研討會、倡導遊戲權觀念、制定遊戲安全準則並催生相關法令（謝友文，1998），都屬當務之急，尤其是托育單位，因應時代的轉變，正擔負起育兒的重責大任，故對遊戲環境的規劃及安全的維護有著迫切的需要，教師更應是兒童遊戲權的擁護者與實踐者，負責推動遊戲權教育，有計畫地教導兒童與家長認識並運用此項屬於他們的權利，學習使用遊戲環境並遵守必要的遊戲規則。

最後，特別要提的是身心障礙兒童的遊戲權，他們因為心理的、身體的或社交的障礙而無法像正常兒童一樣自然而任意的玩耍，因而更易為社會大眾忽視他們應有的權利。身

心障礙兒童與正常兒童一樣都有遊戲的需要，從早期療育的觀點來看，遊戲不僅可協助肢體感官正常發育，更能帶來愉悅，紓解心靈，他們比一般兒童更需要有系統的教導如何遊玩，並在安全考量下為其設計超越障礙的復健遊戲場。一九六六年身心障礙冒險遊戲協會（HAPA）在倫敦創立，並於一九七〇年成功地在倫敦老教堂街建立第一個HAPA遊戲場——chelsea冒險遊戲場，爾後風行至整個歐洲國家。反觀國內的玩物與遊戲設施，鮮有針對特殊幼童所設計規劃的，因此，在提倡兒童遊戲權之時，亦不可忽略這些弱勢族群的需求。

兒童遊戲權宣言

國際兒童遊戲協會 (IPA Declaration of the Child's Right to Play)

緣起

　　國際兒童遊戲協會（IPA）的兒童遊戲權宣言，最初是該會在一九七七年十一月於馬爾它為準備一九七九年國際兒童年所舉行的會議中提出。後來在一九八二年九月維也納及一九八九年九月巴塞隆納的IPA國際大會中再作修正補充。

　　IPA兒童遊戲權宣言應與聯合國兒童權利公約第31條一併解釋（此公約於一九八九年十一月二十日在聯合國大會通過）。該條款內容宣示兒童擁有休閒、遊戲及參與文化和藝術活動的權利。

遊戲是什麼？

1. 兒童是未來世界的基礎。
2. 兒童無時不在遊戲，無論古今中外，及不同種族文化。遊戲對所有兒童的潛能發展是很重要的，就如同營養、健康、庇護及教育等基本需求一般。
3. 遊戲組合了思想及行動，是溝通也是表達，它給孩子帶來滿足感和成就感。
4. 遊戲是本能的，自願及自然發生的。
5. 遊戲可以幫助兒童在身體、心智、情緒及社會能力的發展。
6. 遊戲是學習生活的一種手段，而不只是打發時間。

令人擔憂不利於兒童的趨勢

國際兒童遊戲權協會深切的關心一些令人擔憂的社會趨勢，及它們對兒童發展的負面影響：

1. 社會漠視遊戲對兒童的重要性。
2. 學校過於強調理論及傳統學習。
3. 有日益增多的兒童生活在生存與發展條件匱乏的環境中。
4. 不當的環境規劃，導致缺乏基本的舒適優雅的不合宜住屋形式，及粗糙的交通管理。
5. 日漸增加兒童的商業剝削及文化傳統的惡質化。
6. 第三世界婦女途徑接受基本的育兒訓練。
7. 在急速變遷的社會中，兒童還沒有做好如何面對因應的充分準備。
8. 在社區中，逐漸增加了兒童之間的隔離。
9. 童工人數日增，而其工作條件又是讓人難以接受的。
10. 兒童持續暴露在戰爭、暴力、剝削及毀滅的環境中。
11. 過份強調有害健康的競爭，及在兒童的運動中助長了「不惜代價贏得勝利」不當的價值觀。

行動計畫

下列的計畫是依據政府部門對兒童應有的責任而量身製作的。

健康

◎遊戲對兒童身心理健康是不可或缺的

1. 制定宣導方案使專業人員及父母明瞭關於遊戲的益處，既使孩子尚未出生之前。
2. 確保基本的條件（營養、衛生、乾淨的水和空氣）以利於所有兒童的生存及發展。
3. 將遊戲納入社區設計方案，以維護兒童身心健康。
4. 在兒童的整體環境理，包括醫院及其他的機構，遊戲都應該是其中的主要部分。

教育

◎遊戲是教育的一環

1. 在正式的教育系統裡，透過遊戲可提供兒童主動性、互動、創造力及社交的機會。
2. 在所有從事與兒童相關工作的專業人員與志工的訓練課程中，應包括對遊戲學習重要性的相關研究及遊戲活動的手法。
3. 加強國民學校的遊戲活動，以提高兒童的學習效果，維持參與率及學習動機。
4. 透過參與學校及學院的工作及教育，使用公共建築物來推動社區遊戲方案以減少兒童每天生活中的不相容。
5. 確保工作中的兒童，在正式的教育系統外，有遊戲及學習的機會。

福利

◎遊戲是家庭及社區生活中重要的一部分

1. 確保遊戲可以被接受視為社會發展及社會照顧的一部分。
2. 推動相關措施以增進親子間的正向關係。
3. 確保遊戲是以社區服務為基礎的方案設計中的一部分，以整合社區中在身體心智或情緒方面有缺陷的兒童。
4. 提供安全的遊戲環境，以保護兒童免於被誘拐，性虐待及肢體暴力。

閒暇

◎兒童需要有空閒進行遊戲的機會

1. 提供時間、空間、材料、自然的環境及有指導人的活動方案，兒童可以從遊戲中得到歸屬感、自尊自信及喜樂。
2. 能讓兒童及各種背景及年齡的人在休閒的環境中產生互動。
3. 鼓勵保存及使用傳統固有的遊戲。
4. 終止兒童遊戲的商業剝削、及製造、販賣戰爭玩具和具有暴力及毀滅性的遊戲方式、
5. 推廣具有合作性、公平性價值的兒童運動遊戲。
6. 透過社區有關方案，提供所有兒童，尤其是有特殊需求的兒童，擁有多樣化的遊戲環境、玩具及遊戲材

料，譬如，學前兒童遊戲團體、玩具圖書館及遊戲巴士等。

計畫

◎人們對兒童的需要應優先加以規劃

1.確保兒童和年輕人可以參與會影響他們環境和權力的決策過程。
2.當有新的計畫或是將現有發展計畫重組時，應確認能符合兒童的尺寸及其活動範圍。
3.宣傳有關遊戲設備及遊戲方案的知識給專業人員、政治家，以利他們計畫。
4.反對興建高層的住屋，並提供減輕對兒童及家庭不利影響的機會。
5.透過提供鄰里社區的安全人行通道、更完善的交通管理及改善大眾運輸，讓兒童能在社區之間輕易地來去。
6.加強認知兒童身在髒亂貧民區、廉價出租公寓及廢棄的社區裡是極易受傷的。
7.經由法令的規定，保留足夠及適當的空間以供遊戲和娛樂之用。

主張

國際兒童遊戲權協會決心加強經由一九七九年國際兒童年所引發的動力，以喚起世界關心並改善兒童生活的觀念，並：

確認聯合國兒童權利宣言中第七項所陳述的信念：「兒童應有遊戲及娛樂的充分機會，其遊戲及娛樂應力求達成與教育相同的目標；社會與政府當局應盡力促進這項權利的享有」，並贊同兒童權利公約第31條款：

　　承認在開發中國家的兒童人數是世界兒童人數的四分之三，應直接致力於增進其教育及讀寫能力水準，同時停止對其環境的剝奪，以改善其極為不足的能力。

　　確認它的實行是與其他的國家及國際組織共同努力，以確保所有兒童生存的基本條件，俾能充分發展成長至成人。

　　體認每個國家都有責任，依據其本身的文化、民情、社會、政治及經濟結構的情況，來為民眾及政治行動準備他們自己的進程。

　　承認在規劃和發展計畫方案及提供服務時，充分的參與是必要的，才能符合兒童的需求、期待及渴望。

　　確明其與聯合國所屬機構及其他國際性和國家的兒童組織合作。

　　呼籲所有的國家和組織採取行動，來對抗令人擔心會危害兒童健康發展的社會趨勢，並賦予在長程方案設計時高度的優先順位，以確保無論何時何地的兒童遊戲權。

參考文獻

中文部分

王正明編譯，Jeanne Vergeront等著（1999），《幼兒活動環境設計與佈置》。台北：華騰。

主計處，台灣地區十年來居住空間水準，www.dgbasey.gov.tw/census~n/six/

仙田滿著，侯錦雄、林鈺專譯（1996），《兒童遊戲環境設計》。台北：田園城市。

江麗莉等譯，Joe L. Frost著（1997），《兒童遊戲與遊戲環境》。台北：五南。

胡寶林（1996），托育機構空間設計之研究。教育部委託研究。

胡寶林（1996），從社區共生的理念探討托育機構之遊戲空間。第二屆兒童遊戲空間規劃與安全研討會專題。

徐立言（1996），台灣都市幼稚園樓層利用初探。第二屆兒童遊戲空間規劃與安全研討會專題。

徐立言（1996），兒童戶外遊戲場境教設計探討。第二屆兒童遊戲空間規劃與安全研討會專題。

郭靜晃（1992），《兒童遊戲》。台北：揚智。

陳文錦（1998），國民小學兒童遊戲場設計準則之研訂。第三屆兒童遊戲空間規劃與安全研討會專題。

陳文錦（1998a），兒童遊戲環境規劃準則之建構。第三屆兒童遊戲空間規劃與安全研討會專題。

陳秀才（1997），家長如何評鑑幼稚園，《國教輔導》，36（3），p10-12。

陳章瑞（1996），遊戲空間與社區改造。第二屆兒童遊戲空間規劃與安全研討會專題。

陳章瑞（1998），兒童遊戲與社區營造。第三屆兒童遊戲空間規劃與安全研討會專題。

曾錦煌譯，Joe L. Frost & Barry L. Klein（1997），《兒童遊戲與遊戲場》。台北：田園城市。

廖瑞鳳（1999），從幼兒的需求談幼托分合問題，《成長幼教季刊》，39，p18-21。

劉邦賢（1996），創造適合兒童身心發展的遊戲環境。第二屆兒童遊戲空間規劃與安全研討會專題。

謝友文（1998），兒童遊戲權與遊戲環境理念。第三屆兒童遊戲空間規劃與安全研討會專題。

英文部分

Campbell, S., & Frost, J.L. (1985). *The effects of playground type on the cognitive and social play behavior of grade two children*, In(eds).

Frost, J.L., & Campbell, S. (1977). *Play and play equipment choices of young children on two types of playgrounds, unpublished ms*. The University of Texas at Austin.

Hayward, D., Rothenberg, M., & Beasley, R., 1974, Children's play and urban playground environment: a comparison of traditional, contemporary and adventure playground types, *Environment and behavior*, 6(2), 131-168

Hutt, C. & Vaizey, M. J. (1996), Differential effects of group density on social behavior, *Nature*, 209, 1371-1372

IPA Declaration of The Child' s Right to Play. www.ncsu.edu/ipa/index.html

Naylor, H., (1985). Outdoor play and play equipment, *Early child development and care*, 19, 109-130

Playground safety 1999. www.outreach.psu.edu/PlaygroundSafety/

Smith, P. K. & Connolly, K. J (1980). *The ecology of preschool behavior*, Cambridge England: Cambridge University Press.

... ...

6.托育空間設計

◎托育空間規劃與佈置

◎遊戲安全

◎參考文獻

「在幼兒園裡，環境設計之規劃，往往就決定這裡即將
發生的一切」

貝蒂

　　台灣都市居住普遍有三「高」現象——高價位、高居住
密度與高樓層，面對這些都會地區所產生的現象，使得幼兒
的遊戲空間惡質化，托育機構之設立更因受限於法規限制不
得高於三樓，所以往往只能遁身於鄰里的公寓建築之間。根
據信誼基金會（1998）的調查，公寓內改造的幼稚園就佔了
所有統計幼稚園的六成，至於托育家庭更是絕大多數都是在
自己的寓所內，這些公寓大都是老式的建築，容易成為消防
安檢的死角，也鮮有戶外開放空間以供活動，因此更迫切的
需要確立空間設計原則與安全評估標準，經濟地利用有限空
間，作最有效率的運用，以滿足幼兒的多元需求。
　　本章擬從「托育空間規劃與佈置」及「遊戲安全」兩方
面來討論托育環境的設計原則，並列舉空間規劃方案，針對
不同年齡層的需求與發展特性，設計一個理想的托育環境，
可作為托育家庭（保母）與家長作為嬰幼兒佈置居家情境或
選擇托育機構時的參考。

托育空間規劃與佈置

空間設計原則

　　什麼是理想的幼兒遊戲空間設計原則？透過空間分析

（詳第五章）與對環境的體驗與觀察，許多專家學者都在尋找幼兒與空間的最佳互動模式。在兒童遊戲空間的設計過程中，應重視「使用者參與式的設計」，（曾思瑜，1998）讓使用的幼兒及托育人員實際參與，將其構想及需求融入設計中，而非只是學者專家或政府官員一廂情願地規劃設計一些不符合使用者需求的設備。根據台北市公園路燈管理處的研究指出：安全性、管理、材料、使用及基址環境是評估遊戲場的基本考量，並歸納出十點設計原則（林進益等，1986），本文列舉如下以為遊戲空間設計的參考。

　　1.強調幼兒感官感覺。
　　2.瞭解空間概念。
　　3.挑戰性的遊戲。
　　4.主動性的設施。
　　5.想像力的創造。
　　6.與成人適當的隔離。
　　7.合乎兒童尺寸。
　　8.安全性。
　　9.設計師本身的體驗。
　　10.教育專家的親身參與。

　　另外，亦有專家提出環保與本土化的訴求，並鼓勵政府與民間參與。儘管如此，目前整個幼保的觀念大都仍是由國外引進，因此許多國外既存的遊戲空間設計模式仍值得我們借鏡，如著名英國遊戲場設計師Lady Allen的設計觀念與日本仙田滿的循環遊戲系統都可以作為規劃托育環境時，佈置遊戲空間的參考。
　　綜合上述各項觀點，一個理想托育空間的規劃需具備下

列幾項特性之要求：（胡寶林，1996；徐立言，1996；陳文錦，1998）

　　發展性：托育中心不只是提供一個安置幼兒的場所而已，它是兒童社會環境的縮影，因此其空間規劃與佈置首要條件便是要能配合兒童的認知與生理等發展特徵，在活動室中模擬佈置這些社會生態區域，使托育情境不僅能滿足幼兒的發展需求，更能蘊含文化意義，協助嬰幼兒身心健全發展（表6.1）。

　　遊戲趣味性：空間佈置的趣味性與遊具的可玩性要高，以激起孩童潛在的肢體活動慾望，引發其遊玩的興趣。

　　複雜多樣性：遊具使用的複雜度與活動種類的多樣性可持續孩童的玩興，並增加單位面積內的活動總數，不管是個人單獨遊戲或群體活動均有鼓勵的作用。對於托育家庭而言這點特別重要，在空間與經濟的雙重考量下，一個多功能的綜合性玩物，不僅可以滿足孩童的玩興，亦不會造成托育家庭收納上的困擾。

　　誘導挑戰性：提供機會或調整設施讓幼童主動參與環境、探測世界並挑戰自己的能力。

　　安全性：遊戲設施的堅固性、尺度的合宜性以及細部處理的周詳度等因素，都會影響遊戲環境的安全性，攸關使用孩童的生命，故設計一個理想的遊戲環境，對每一個環節都必須考量周全，以避免危險的發生，必要時需有成人從旁協助或監督。托育家庭的居家環境，安全尤為優先考量（圖6.1）

　　創造性：遊戲空間的規劃最忌諱千篇一律沒有變化，一個富有創造性的托育環境，要能變化空間或光線產生新奇

表6.1 0-4歲發展性托育環境之空間需求

發展階段		發展特徵	居家托育環境需求
0-2歲	生理發展	觸覺：探索等反射 視覺：對光線反應敏銳；三度空間 　　　對主要照顧者有視覺偏好 聽覺：能分辨不同音調 　　　對主要照顧者的聲音有偏好 動作：3-4月抓玩具 　　　3-5月翻身 　　　6-8月直坐、匍匐前進 　　　8-9月爬行、扶物站立 　　　11-14月站的很好 　　　12-15月走的很好 　　　14-20月學習進食；堆兩塊積木 　　　17-22月走樓梯	*不同觸感之地面或毯子身按摩；擁抱 *使用窗簾調節戶外強光，天花板避免日光燈多用壁燈；目光的接觸 *播放柔和的音樂；避免噪音;發聲玩物;常對嬰幼兒說話並給予回應 *嬰兒床欄繫抓握玩物 *安全護墊及稍硬床墊（避免嬰兒猝死） *安全座椅；避免太早使用學步車 *寬敞潔淨安全的學爬空間以鼓勵爬行 *可攀扶學站的家具或扶手；浴室注意止滑措施；小心電器用品及插座 *注意尖銳的桌角 *幼兒專用高腳餐椅&幼兒餐具 *小型階梯設施或低矮的滑梯
	心理發展 Freud Erikson	口腔期（0-1.5y）：餵食、吸吮 信任&不信任:依附關係	*床旁放置安撫奶嘴、磨牙玩物 *溫馨的嬰兒床（最好不要和大人同床）
	認知發展 Piaget取向	感覺動作期：物體恆存（9m）、延宕模仿、新奇偏好、因果關係	*定期更換房間的壁畫或圖卡；躲貓貓遊戲；設置鏡子（模仿遊戲）

托育家庭的管理與佈置

續表6.1

	社會發展	主要照顧者互動	*避免經常更換保母或被冷落
	遊戲發展	單獨、平行遊戲（請參考第4章）	*規劃遊戲房（或角落）
2-4歲	生理發展	大肌肉、小肌肉與手眼協調	*寬敞的活動空間，提供攀爬滑行等功能之綜合遊戲設施；小型居家球池；或輔以住家附近的遊戲場
	心理發展 Freud Erikson	肛門期（1.5-3y）：排泄 自主&羞愧：自律與自制	*幼兒專用衛浴（小馬桶－大小便訓練） *生活自理訓練
	認知發展 Piaget	運思預備期：分類能力、假裝能力	*準備分層收納櫃、娃娃角遊戲屋
	社會發展	同儕互動	*至鄰近小公園遊玩（認識同伴）
	遊戲發展	聯合、合作遊戲（同上）	*遊戲房（角落）多元化；戲劇遊戲設施

圖6.1 安全的托育環境

幼兒專屬馬桶與防滑小椅是幼兒的浴室守護神

有一種電視轉盤可以將電視轉向,預防幼兒自己去玩開關

續圖6.1

將客廳的茶几移開可以挪出寬敞安全的遊戲空間

使用桌角護片避免尖銳桌角的危害

廚房護欄　　　　　　使用插座蓋防止幼兒觸電

感，利用抽象性玩物或社會性互動鼓勵幼童在遊戲中運用想像力激發其自由創作的本能。

　　舒適性：室內環境需注意是否採光適當、空氣流通、溫溼度合宜；戶外遊戲場則要有蔽蔭，植栽區的綠化植物常有賞心悅目的功能。

　　流暢性：各個遊戲設施及角落間應有清楚流暢的路徑，以避免衝突，創造寬敞充裕的活動空間。

　　藝術性：遊戲場不僅要好玩，也要好看，即所謂遊戲景觀（plays cape）（陳文錦，1998）。一個雜亂無章的遊戲環境不僅容易蘊藏危險，也使整體環境黯然失色。

　　維護性：遊戲設施的壽命要能耐久，易維修替換，教保人員亦需注重平日的維護工作，以確保幼兒安全。在選購玩物之前要詳讀說明，最好在遊戲設施旁也要設置使用規則告示牌，並教導幼童與家長共同維護。

空間佈置

　　目前國內0至2歲的嬰幼兒收托仍以家庭托育為主，但我國法令並無明文規定保母的幼兒收托年限，人數管理亦無強制性，更無居家托育環境的設置與評估標準，因此導致一個托育家庭經常沒有節制地收托幼兒，年齡層更可以由出生到學齡前之譜，試想一個居家環境如何可以面面俱到地滿足這些兒童的需求？因此除了保母的專業證照化之外，建立一個完善的家庭托育制度與環境評鑑標準，實乃刻不容緩。一般而言，托育家庭的空間佈置不似專為幼兒設計的托育機構一樣有彈性，它必須配合其他家庭成員的生活作息來做安排，譬如，嬰兒床便可能被塞在任一個角落，客廳經常就是幼兒的「遊戲場」。因此，以下將先針對托育機構的空間佈置來做

介紹，文後再依其原則來設計一家庭托育空間。

托育機構之空間佈置

　　托育機構的設施與佈置因收托對象年齡之不同而有不同的特色。一般而言，托嬰部門較注重感覺統合刺激之玩物與小型學步設施，也不必拘泥硬要規劃出很多個別空間；托兒所則會加強體能運動器材與社會性遊戲，並規劃出各種學習角落。

　　托嬰部的佈置：就發展階段來說，出生到18月大的嬰幼兒正處於感覺運動初期，遊戲設施種類的選擇可以看、聽、嚐、觸摸等知覺刺激為主，爬行翻滾等運動功能為輔，以促進感覺統合，設備的材質則應儘量採用非硬木製造的原色木材；就空間規劃而言，則應該佈置成一個「擬」家的環境，讓嬰兒有安全感。一般來說，一歲以下的嬰兒作息以睡眠為主，因此較需有獨立安靜的休息空間；一至二歲的嬰幼兒則精力旺盛，以遊戲為生活重心，改革式托嬰所則有全新的思考──無須硬性區隔出太多的個別空間，有許多空間的功能是可以重疊的，例如，兼做玩水的盥洗室，寢室和活動室亦可以合而為一（胡寶林，1996），如此一來，有限的空間將能做最大的運用。將睡眠的地方作成通舖便是很好的設計，睡眠時不一定要有嬰兒床，可以床墊、大型軟墊枕頭甚至帳棚或小木屋取代，為了安全起見，這些睡眠的地方都應低矮；遊戲時，通舖可兼做學爬地板，床墊不僅可令嬰幼兒在其上隨意翻轉，亦能挑戰攀爬的能力，至於帳棚則可變成遊戲小屋，讓孩子鑽進鑽出兼具娃娃角的功能。如果空間允許，最好仍要規劃出一個獨立的角落或空間（可以是一張嬰兒床）以隔離一些特殊的嬰兒。

托兒所的佈置：托兒所收托的對象主要是以學步兒為主，但我國法規仍開放3-6歲的幼兒可以收托。在發展上，學步階段約從13月到30月大，托兒所的佈置可藉由有計畫性的遊戲項目，例如，隧道籠（鑽爬）、小型階梯（踏步）、跳廂（蹲跳）等設施，來練習更純熟的踏步技巧；3-4歲的幼兒對於體能運動興趣特別高，則需要平衡、攀爬等大肌肉動作訓練，平衡木、滑梯或其他小型綜合遊戲設施均很適合；4-6歲的幼兒已脫離單獨遊戲的階段，開始會主動與他人分享玩具，並找機會參與團體活動，因此這個時期的社會性遊戲扮演著很重要的角色，任何能促進同儕互動，例如，辦家家酒、戲劇表演的遊戲項目，均不可或缺，此可藉由各種學習角落的規劃來達到目的。同時該階段的幼童大小肌肉的協調很好，不僅能學習操作，例如，繫鞋帶、捏黏土等較精細的動作，運動技能的發展也更富創造性與挑戰性，若能規劃一個冒險創造式的戶外遊戲場應可滿足其需求。有鑒於都會地區之托育機構常受限於高空間密度，使得幼兒常在攀爬架及滑梯上參與精力旺盛的遊戲，因此提供攀爬與滑梯的組合遊戲設備，也不失為解決在小區域增加大肌肉活動的好方法（Smith & Connolly, 1980）。這裡有一份托兒所的空間設計圖，可以作為參考。

另外，特別要提的是保健室的設置，這常常為一般托育機構所忽略。嬰幼兒的免疫功能發展尚未健全，屬感染的高危險群，他們也比較沒有危機意識，飽受意外事件的威脅，因此保健室便可提供健檢保育及意外傷害緊急處理的功能（非醫療），像是餵藥服務、臨時身體不適幼兒之安撫或隔離，最好能在保健室進行，如有必要仍應聯絡家長送醫處理。我國法規規定設有育嬰部之托育機構需設有護理人員，

176 ——— 托育家庭的管理與佈置

托兒所空間設計圖

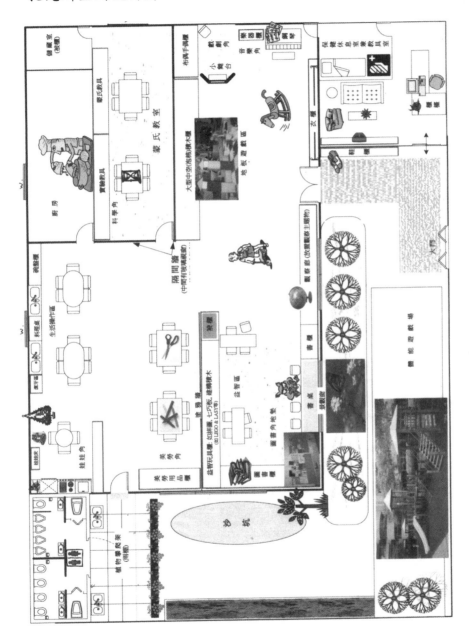

其立意考量即在於此。鑒於空間問題，小型托育機構之保健室通常可與行政空間，例如，辦公室、教師休息室等合併。至於托育家庭，則要準備醫藥箱，以因應輕微之意外傷害。

一般而言，常見的室內、外遊戲設施（角落）規劃有：

室內：圖書角、娃娃角、木工角、音樂角、美勞角、積木角、戲劇台、蒙氏操作區、球池攀爬綜合區、小型飼養箱（水缸）等

戶外：砂土區、水區、栽植區、飼養區、綜合遊戲場等。

台灣托育主流的現況，在空間佈置上主要以「角落情境」和「蒙式教具」兩大類型為主。有些托育機構雖然不計成本進口昂貴的標準蒙式教具，但教師卻未取其精神反而加以扭曲物化（周惠美，1994），甚至有許多成套進口組合玩物已成為園所「速食角落」的教具（胡寶林，1996），這些玩物一經組成後便缺少變化，完全抹煞兒童在遊戲中的創造性。因此，在規劃托育環境時，絕對不可以只注意到外在的硬體設施，尚需考量到上述諸多的發展內涵與遊戲特性。

托育家庭的空間設計

一般提供0-3歲嬰兒／學步兒的托育分式大致上有家庭托育與托兒所（托嬰部）兩種選擇，其中大部分又以家庭保母居多，因此托育品質受限於家庭型態與環境的影響相當大。

物理環境是幼兒發展的必要成分，因為它就好像扮演幼兒社會互動中的舞台或情境。因為氣質的不同，有些嬰幼兒需要安靜依序的發展，吵雜與擁擠會負面的影響其認知、語言及情緒發展（Wachs & Gruen, 1982），另外有些兒童卻因高

度刺激的環境而發育漸佳。因此，一個理想的托育環境，必須要能提供高度的選擇性，以符合兒童多元發展的需求，然而受限於居家空間的限制，托育家庭（保母）經常無法提供這樣的彈性服務。

如何規劃一個具發展性的遊戲空間，瞭解兒童各階段的發展特色是有其必要的。0-2歲的嬰兒／學步兒正處於感覺動作期（Piaget），從最初的反射動作到透過踢、推、拉、扯等動作產生回應來探索事務，這時候的嬰幼兒需要的是一個富於感官刺激與鼓勵大肌肉動作發展的環境，並使用簡單、容易抓取又能安全的放入口中吸吮的玩物。怎樣才算是一個高品質的嬰幼兒遊戲環境呢？在以下的設計方案中，將參考Joe L. Frost（1991） 所提的四項設計原則來規劃一個室內面積約有30-35坪的托育家庭環境（平面圖）。

刺激各種感官

除了食物與安全感的需求，嬰兒正以看、聽、嚐、嗅、觸等感官來知覺周遭的世界，即使是滑球給嬰兒看或玩等普通簡單的遊戲，皆能提供嬰兒必要的刺激。光線是僅次於食物能控制身體功能的重要物（Wurtman, 1982），不同色澤的燈光會影響血壓、呼吸以及腦部活動（Gruson, 1982），因此空間的採光、燈光色調皆會影響嬰幼兒的健康與發展，嬰兒床的擺設最好要靠近窗戶，使其能暴露於由窗戶穿透的光線，但又不可以緊鄰窗邊，以免發生幼兒攀爬墜窗或窗簾繩索勒頸的意外。觸覺和感官的應用則是發展形狀等洞察力的要件（Ayres, 1973），所以觸摸物或玩物最好能包括各種不同的質地，例如，光滑的金屬品、溫潤的木製品或粗糙的塑膠製品，目前有許多廠商已製造出不同型態的感官板，可將之

托育家庭的空間設計

✖ 觀察居家附近是否有公園或遊戲場

窗戶

注意窗戶及窗簾繩索的安全

趣味盎然的嬰兒床

電視的擺設

主臥室

充足的照明與寬敞的客廳

桌角護墊

開架式童書櫃

注意危險家電之擺設

浴室安全

廚房小隔門

書房&客房

幼兒遊戲房擺設

分層收納櫃

幼兒床的高度與護欄

窗戶

窗戶

固定於床邊或壁上以便嬰兒觸摸；對於學步兒，地板鋪面亦可變換不同材質，例如，在地磚上鋪上軟墊，亦或在木板上放塊小地毯。更有研究證實，胎兒時期即有聽覺，市面上各式各樣的幼兒音樂是托育環境中不可或缺的精神糧食。

容許廣泛移動

　　嬰兒／學步兒的托育環境應是能提供廣泛肢體活動及移動的空間（Frost, 1991）。嬰兒需要柔軟精緻的鋪面以利爬行，需要溫和有彈性的地方以便滑落，幼兒則需寬敞沒有障礙的空間以利安全學步。嬰幼兒的移動能力能使他們大開眼界，尋找目標物體，經由探測環境，他們挑戰自己坐、爬、站、走、跳等能力，並開始學習掌握環境的過程。在一個居家型態的托育環境中，最難克服的，便是移動空間與路徑的問題，除非特別規劃有遊戲房，客廳通常是提供嬰幼兒大範圍活動的地方，他們大部分的遊戲也都在這裡進行，但是相對地，客廳卻又是大人們送往迎來的場所，沙發、茶几、電視櫃佔掉了大部分的空間，因此嬰幼兒不是因為安全考量被限制活動，便是只能穿梭在桌椅間顯得危險叢生。對於客廳的空間與動線規劃，建議儘量將沙發靠牆擺設，並收起大型茶几代之以小圓几，如此不僅可保留客廳的功能，亦能空出較完整的活動空間以利嬰幼兒廣泛的移動。

環境安全與舒適性

　　居家托育環境中經常潛藏著許多危險因子未被注意，其中又以浴室、廚房為最常發生幼兒意外（滑倒、燙傷）的場所。有時候保母需要上洗手間或一邊處理廚務一邊看顧孩子，一種專業廠商所製造的小隔門可以讓他們「有點黏又不會太黏」，它能將孩子阻隔在危險源之外，又不至於忽視他

們。嬰幼兒在搖擺不穩的學步階段，就不斷經歷「跌倒」的危機，桌子的稜角便成了隱形殺手，此時可以在稜角處加上角墊以維安全。另外，家中的插座高度正好在嬰幼兒的視線範圍內，爲避免他們好奇玩弄，可以用安全插作套來隔絕。對於危險家電，例如，微波爐、熱水瓶的擺設，也要注意放到嬰幼兒碰不到的地方。客廳沙發靠牆擺置的好處則是可以避免嬰幼兒在攀爬時不慎從椅背掉落。

Greenman（1985）指出：嬰幼兒的園舍要安全到可以「吃」。嬰兒／學步兒正處於口腔期，什麼東西都有可能放進口中，因此給他們的器具、玩物不能有引起窒息危機的小零件，材料亦不能含有有毒物質（例如，漆），甚至家中的盆栽灌木也要注意是否爲毒性植物。（江麗莉等譯，1997）

如果居家空間許可，將客房規劃成一個豐富、安全的遊戲房兼寢室將是個不錯的考量：藉由降低床的高度並加上護欄可以無虞嬰幼兒睡眠時從床上翻落的危險，又可以作爲高度變化的移動空間，讓嬰幼兒爬上走下；收納櫃的妥善運用則可以保持活動空間的整齊通暢，亦能讓幼兒學習分類收拾玩物的技巧。通常保母在滿足嬰幼兒生理需求之餘，安全便是其最大的顧慮，但安全不是限制，藉由居家環境的妥善規劃是可以兼顧發展性與遊戲性的。至於環境的舒適性則可由光線、溫度、溼度與衛生條件來評量。

多樣性與挑戰性

Ferguson（1979）指出：「當你將一個躺著觀看樹的三個月大嬰兒，和一個正學會玩沙的兩歲半幼兒放在一起時，這可謂是一個悲慘的組合。」（江麗莉等譯，1997）不幸的是，在家庭托育中經常可見這樣的組合。兩歲以前的嬰幼兒

發展延展性非常的大，從翻、坐、爬到學會步行，從發聲期到牙牙學語，家庭保母要能因應這些變化，滿足多樣性的需求，實有賴專業訓練與妥善的居家環境規劃，如果能在住家附近輔以戶外遊戲場將更臻完善。

隨著嬰幼兒成長速度的加快，其探索環境的挑戰力亦更迅速，當他們漸能精熟地運用舊基模去面對新挑戰時，提供新奇、挑戰的遊戲設施與玩物讓幼兒去探索將有助於其發展。

上述設計原則雖然對物理環境做了詳細的剖析，但在實際運用上，怕缺乏統整性。因此筆者針對上述各原則與要素，設計了一個觀察評量表（表6.2），希望可以提供父母在選擇托育家庭，或是保母自評時的參考。

表6-2 托育家庭環境評估表

一、大環境評估

1、□都會區電梯華廈□都會區管理社區 □都會區舊式公寓□郊區電梯華廈□
　郊區管理社區□郊區舊式公寓

2、□住家本身有戶外遊戲場 □住家社區有戶外遊戲場□住家附近有公共遊戲場
　□住家附近都沒有戶外遊戲場

3、住家附近是□商業鬧區□工業區□住宅區

二、居家環境評估

舒適度

1、採光□主要房間都有窗戶□使用燈光可補強□微暗

2、通風□主要房間都有窗戶□使用空調可改善□較悶

3、視覺□色彩繽紛富有童趣□尚稱整齊□雜亂

4、空間 □有兒童專屬房間□尚稱寬敞 □擁擠

安全性

1、地面保護措施□地毯□軟質護墊□其他□沒有

2、浴室防滑措施□扶手□止滑用品□其他□沒有

3、廚房隔離設施 □護欄□門 □其他□開放式

4、客廳動線安排□通行無礙□桌椅擺設影響活動

5、傢具防護裝置□桌角護墊 □門櫃扣環□其他□沒有

6、動植物危害□種植有毒植物□飼有寵物

7、門窗安全防範 □安全氣密窗或鐵窗 □注意窗簾繩子的收放□其他□沒有

續表6-2

8、家電安全措施□熱水瓶等危險家電放在兒童碰不到的角落□電線沒有絆倒與

纏繞的危險□使用插座套□其他□沒有注意

趣味性

1、玩物 □有適合各階段發展特性的玩物□感官性玩物如磨牙玩具、樂器□扮演

性玩物如家家酒□操作性玩物如積木、樂高□運動型玩物如三輪車、滑梯、

球□玩具老舊，種類較少

2、圖畫書□有各種不同功能的圖畫書或錄音帶□較缺乏

專欄6-1 兩歲寶寶的房間

適合年齡：8m-3歲

房間大小：約3坪

房間特色：

　　1.採光佳

　　2.色調溫馨，富有童趣

　　3.分類收納，整齊不雜沓

　　4.以幼兒的觀點來擺設

安全觀點：護床欄可預防幼兒睡覺時由床上翻落

視覺觀點：圖卡海報的高度在幼兒平視的範圍內

身材觀點：符合身材比例的兒童專屬桌椅，不僅可以讓幼兒不受干擾、舒適地遊戲，移動收納也很方便。

發展觀點：

　　1.地板：寬敞潔淨的地板十分適合爬行與學步
　　　的寶寶。

　　2.床鋪：兼具睡眠功能的低矮的床墊，除了可
　　　免除睡覺時翻落的疑慮，更可以讓爬行期幼
　　　兒練習爬上爬下，習得三度空間感，也可以
　　　讓學步期孩子做階梯踏步練習，在彈簧床上
　　　跳躍更是一大樂事。

　　3.收納櫃：分層收納櫃可以讓幼兒做分類的練
　　　習，更可以讓空間顯得整齊有序。

　　4.玩物：在經濟與空間的雙重考量之下，多功
　　　能玩具組十分適合托育家庭，就連寶寶浴盆
　　　也可以用來做小球池。請參考表4.5與表6.3。

表6.3　適合托育家庭中0-2歲嬰幼兒的玩物

哺乳期0-6月

名稱：音樂鐘
功能：視、聽覺刺激
價格：500-1000

名稱：固齒器、絨毛玩具
功能：咀嚼、觸摸
價格：500以下

名稱：發聲玩具
功能：發聲、搖、壓擠
價格：500以下

名稱：手指謠＋手偶（親
　　　子遊戲）
價格：500以下

續表6.3

爬行期6-12月

名稱：大笨球、球池
功能：抬頭、觸覺、感覺統合
價格：500以下

名稱：綜合玩具盤
功能：壓、撥、拍
價格：500-1000

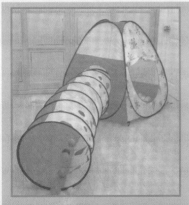

名稱：隧道帳篷屋（可收納）
功能：攀爬、躲貓貓
價格：1000以上

名稱：童書、工具書（親子共讀）
價格：500以下

續表6.3

學步期6-12月

名稱：多功能推步車、滑梯
功能：學步、滑行、平衡
價格：1000以上

名稱：原色積木、積木盒
功能：推疊、大小觀念
價格：500-1000

名稱：木馬、吊椅
功能：搖擺、前庭刺激
價格：1000以上

名稱：6-10片拼圖
價格：500以下

遊戲安全

　　托育家庭的遊戲環境經常因設計不良或使用過當而暗藏危機。由於兒童活動力強，又缺乏自我保護的意識與能力加上托育家庭環境的侷限，因此只要稍有不慎，意外便發生了。近年來也發生了數起兒童在遊戲場遊玩時被設計或裝製不良的遊戲設施所傷的不幸事件，普遍引起了國人對兒童安全的關切。有關遊戲安全之相關報告，美國消費者產品委員會引用一九八八年NEISS之專案調查研究，指出在遊戲場最常發生遊戲傷害之設施以攀爬架與滑梯最多（圖6.2）；受傷

圖6.2 兒童受傷設施種類

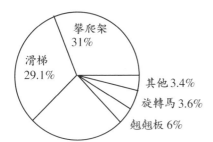

資料來源：美國NEISS1998年調查

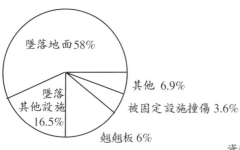

資料來源：美國NEISS1998年調查

圖6.3 兒童受傷原因

表6.4 兒童受傷原因

受傷原因及年齡			
年份	調查對象	年齡層	原因（依序）
譚氏 60	北市某國小	6～12歲	1.跌落 2.利器或銳器傷害 3.撞擊、物體夾住
杜氏 68	北市幼稚園	3～7歲	1.跌落 2.滑倒、絆倒 3.利器傷害
李氏 71	急救醫院（11家）	0～14歲	急診主因：墜落 死亡主因：溺水及交通事故

美國主要受傷場所	我國主要受傷場所
1.公共遊戲場（學校、公園）70% 2.住宅區24%	1.家庭41% 2.校園26% 3.街道13%

民國八四年統計1-14歲兒童主要死亡原因	
1-4歲	5-14歲
1.意外事故42% 2.先天畸形20%	1.意外事件47% 2.惡性腫瘤14%

原因則有58%是因為墜落地面（圖6.3）；至於發生場所則以學校、公園之公共遊戲場最多（70%），住宅區遊戲設施次之（24%）；受傷年齡則有2/3集中在6-10歲之間。國內目前仍缺乏專門對兒童遊戲安全所作的研究，僅參考衛生署及其他學術研究之統計資料作概略性比較（表6.4），其中「墜落」同

為遊戲意外傷害之主因，不同的是最常發生傷害的場所是在「家庭」，這可能是因為國內目前仍普遍缺乏遊戲場，幼兒大多在家中遊玩之故，尤其是托育家庭，客餐廳幾乎就是兒童的遊戲場，更是不可不慎。

　　遊戲環境的危險型態主要有三：（1）結構與設計的缺失，（2）擺設和維護的不當，（3）人為的錯誤（陳歷渝、陳怡文，1998），這些都需要托育服務規劃者的謹慎留意，托育家庭的環境佈置也要注意這些危險源。例如，一個比例設計不當的床邊護欄易使嬰幼兒的頭部卡在其中，造成窒息；幼童從沒有保護措施的娃娃椅或過高的沙發椅背上跌落至結構堅硬的地面時，會造成腦震盪；不當的裝置使組件突出，例如，傢具螺釘裸露會勾住衣服，甚至擺放在通路上的電風扇線路，都可能絆倒幼兒，而疏於保養的遊戲設備或玩物，例如，搖馬、學步車，則有鬆垮之虞。至於人為的錯誤，常因兒童在發生危險時，大人沒有在旁督導，即時伸出援手，或是對一些小細節（例如，窗簾拉繩）漫不經心所致。

　　兒童對遊戲設施的需求是無止境的，日常生活中絕大部分時間也都身處在遊戲情境裡，但遊戲傷害之人數卻與日俱增，意外事件的比例也居高不下，實導因成人們的冷漠（林鈺專，1993）。近年來，由於兒童權的呼聲高漲，國內對遊戲安全之議題亦有所回應，除了中央標準局在八十七年公布「兒童遊戲設施安全準則」CNS之外，靖娟兒童安全文教基金會亦於民國八十三年舉辦「第一屆兒童遊戲空間規劃與安全研討會」，至今已歷經三屆，此間，陸續有針對兒童遊戲設施安全之評估報告出爐，不過大都是針對國小與公園等公共遊戲場作結構性調查，尚未有針對托育機構與托育家庭發展出遊戲環境安全（包括結構面與發展面）評估標準，因此仍值得繼續努力。

改良式攀爬網（下）取代了傳統的攀爬鐵架（上），更富挑戰性也較安全。

參考文獻

中文部分

台北市工務局公園路燈管理處（1986），《公園常用設施設計手冊》。

江麗莉等譯，Joe L. Frost著（1997），《兒童遊戲與遊戲環境》。台北：五南。

周美惠（1996），適於兒童成長學習的遊戲環境。第二屆兒童遊戲空間規劃與安全研討會專題。

林鈺專（1993），兒童遊戲設施安全性考量之研究，東海景觀系碩士論文。

信誼基金會學前兒童教育研究發展中心（1987），台北市幼稚園所現況訪問調查報告。

姚宏德（1993），托嬰中心之遊戲空間規劃與安全設計,第一屆兒童遊戲空間規劃與安全研討會專題

胡寶林（1996），托育機構空間設計之研究。教育部委託研究。

徐立言（1996），兒童戶外遊戲場境教設計探討。第二屆兒童遊戲空間規劃與安全研討會專題。

陳文錦（1998），兒童遊戲環境規劃準則之建構。第三屆兒童遊戲空間規劃與安全研討會專題。

陳歷渝、陳怡文（1998），公園兒童遊戲設施之安全性評估。第三屆兒童遊戲空間規劃與安全研討會專題。

曾思瑜（1998），兒童參與式的兒童遊戲空間。第三屆兒童遊戲空間規劃與安全研討會。

楊淑朱（1996），幼兒戶外遊戲環境。第二屆兒童遊戲空間規
　　劃與安全研討會專題。

英文部分

Ayers, A. J. (1973). *Sensory integration and learning disorders*, Los Angeles: Western Psychological Services.

Smith, P. K. & Connolly, K. J (1980). *The ecology of preschool behavior*, Cambridge England: Cambridge University Press.

Wachs, T. D., & Gruen, G. (1982). *Early experience and human development*, New York: Plenum

Wurtman, R. J. (1982), The effects of light on the human body, *Scientific American*, 1：68-77

兒童托育服務的師資與學生專業能力

◎前言

◎我國托育服務現況及沿革

◎托育服務工作專業及能力

◎我國幼兒托育服務之師資培育現況

◎結語

◎參考文獻

前言

　　近年來，我國由於經濟和社會型態發展變遷快速，尤其在國際化及高科技化之政策推動下，導致家庭與社會不論在形貌、結構層面、功能內涵均起了相當的改變，更明顯指出兒童福利輸送服務之一的托兒照顧服務益顯重要。

　　我國兒童托育服務的種類很多，依現況可分類為：幼稚園、托兒所、勞工托兒所（企業托兒所）、鄰里托兒中心、精緻托兒所、兒童托育中心、托嬰（兒）中心、家庭或居家保母、坐月子中心、嬰幼兒才藝中心及教育、示範教學中心、成長班及親人照顧等（郭耀東，1991）。周震歐等人（1992）利用訪視方法針對台北市社區展開調查，結果發現現階段的學齡前托育設施可分為十一種類型：（1）坐月子中心、（2）托育中心、（3）托兒所、（4）幼稚園、（5）兒童學園、（6）蒙特梭利學園、（7）兒童發展中心、（8）寒暑假營隊、（9）短期假期托育、（10）臨時托育場所和（11）課後輔導中心。在學齡兒童的托育部分則可分為課後輔導中心及才藝班二種。此外，翁毓秀（1992）針對台灣地區托兒所現況調查中發現台灣地區托兒所設施創設單位繁多，分類一直不能統一，造成相當困擾。綜合以上實徵研究之調查發現，目前台灣地區除了父母親親自照顧、委託親戚照顧之外，其餘則是送去接受家庭式或機構式的照顧，而其中種類及名稱又極其繁多。再者，依其分類及所隸屬的行政單位，又可分為三種：（1）托兒所，隸屬社政單位；（2）幼稚園，隸屬教育單位及（3）隸屬勞工局的企業托兒。

　　所謂的托育服務機構工作人員可區分為幼稚園教師及保

育人員兩大系統。目前所執行的業務，還是以六歲以下的兒童爲主，而進行的工作除了提供安全照護之外，托兒工作也兼辦理兒童教育的事項，在此兩大系統中之工作人員也皆通稱爲老師。至於六至十二歲的學齡兒童課後照顧，在民國七十七年台北市率先訂定「兒童托育中心設置辦法」，在短短十餘年內，兒童托育中心如雨後春筍般的設置，至八十九年六月底止，立案機構已達四百二十餘家（佔台北市所有兒童托育機構的41%），高居全省之冠。之後，高雄市訂定了「課後兒童托育中心設置辦法」，台灣省亦設置「校外學齡兒童課後輔導辦法」，因此興起高雄市及台灣省各縣市成立兒童托育或課後輔導中心的熱潮。目前現有相關法令並未對兒童托育中心或課後輔導機構加以定位及明確規範其功能，加上兒童福利專業人員的訓練上也未對兒童托育中心（課後輔導機構）之主管及專業人員做條件上的要求及訓練上的適當分野，也造成托育中心（課後輔導機構）服務提供及執行的困境及困擾。

另一方面，幼稚園教師在民國八十三年及八十四年的「教師法」及「師資培育法」的法令通過之後，已將其資格認定提昇到大學程度。目前需在大專學院之幼教系或大學附設教育學程畢業之後，始有資格擔任幼教師。由此可知，幼教資格之專業化及訓練的齊一化已有相當基礎。相對於幼稚園教師，隸屬社政單位的保育人員無論在資格或來源上，都顯得參差不齊（郭靜晃，1999）。

有鑑於此，內政部社會司於中華民國八十四年七月五日依「兒童福利法」第11條第2項，在臺（84）內社字第8477519號函中頒布「兒童福利專業人員資格要點」，將保育人員、助理保育人員、社工人員、保母人員及其主管人員稱

之為兒童福利專業人員，自此開始，兒童托育機構之工作人員遂成為一種兒童福利專業人員。根據《韋氏字典》（*Webster's Dictionary*, 1994）對專業（profession）的定義為：（1）應有專業的實施準則、目的及（2）努力成為一位專業人士的特質和性格。據此，專業係指高度的專門知能以及其他特性而有別於普通的「職業」或「行業」。而所謂的「兒童福利專業人員」在「兒童福利專業人員資格要點」第3條中即明文規定：兒童福利保育人員、助理保育人員及其主管等托育服務工作應具備有兒童福利或相關科系（例如，幼兒保育、家政、護理等）之學歷資格或經主管機關主（委）辦之兒童福利保育、助理保育或主管保育人員專業訓練及格者稱之。

我國托育服務現況及沿革

我國托育服務的發展過程是先有幼稚園（民國十一年的新學制），再有托兒所（民國四十四年的托兒所設置辦法）。早在民國二十三年「家庭總部」模擬家庭方式對需要幫助的貧苦家庭兒童施以生活教育成為正式托育機構以來，托育服務與幼稚園的釐分早就不夠明顯（馮燕，1995）。至今，托兒所與幼稚園依「托兒所設置辦法」與「幼稚教育法」皆以促進兒童身心健全發展為宗旨，兩者設立的原意都強調「教育」與「保育」功能的兼具。雖然托兒所與幼稚園分別隸屬於內政部與教育部，接受不同法規及系統之規範與管理，但是，兩者皆有兒童教育及補充家庭親職角色功能不足的作用。老實說，幼兒對於自己上的是托兒所或幼稚園並不甚在意，在

他們的認知中來說都是去上學，而一般社會大眾，甚至業者普通存在認爲上托兒所是讓兒童去玩，而上幼稚園是爲日後上小學的教育準備的觀念，因此，家長普遍偏好將孩子送往幼稚園就讀（俞筱鈞等，1996；王麗容，1999），此種趨勢顯現出托兒所對家長的吸引力較弱於幼稚園。至於六至十二歲之學齡兒童，許多家長爲了怕孩子輸在起跑點上，更期望能提昇下一代之生活品質及教育優勢，再加上生活及工作忙碌或缺乏專業親職教育的觀念，因此期待兒童托育中心能發揮課後輔導及提供多方面的才藝訓練的教育功能，以分擔家長的責任。此種情況一方面削減家長的親職功能，給予父母失職的合理化藉口，另一方面，更順理成章地將兒童全權託付給機構，讓孩子接受機構式的照顧及教育，進而造成兒童托育中心與補習班之功能及定位的混淆。

就托育服務之人員培育養成而言，托兒所保育人員遠不及幼稚園教師。以幼稚園師資的培育歷程來看，自民國七十年頒布「幼稚教育法」，隨後民國七十二年又接踵相繼公布「幼稚教育法施行細則」、「獎懲辦法」與「教師登記檢定及遴用辦法」。爲了配合法令之實施與推廣，在民國七十二年師專成立二年制幼師科，七十八年起成立幼教系。諸此種種確立了師範體系的師資培植管道，不但彰顯了幼師培育政策之推行績效，同時也提供了優勢的培育環境，更增加師資的提昇與素質的齊一化。另一方面，托兒所教保人員的培育仍是侷限於高職、專校的幼保科、大學的幼保系、青少年兒童福利學系及生活應用學系等提供師資養成的途徑。因此，保育人員的素質自然參差不齊（穆仁和，1999）。

縱然托兒所與幼稚園的師資來源有所不同，但其培訓課程或師資遴用資格並沒有太大差異。幼稚園師資依「教師登

記檢定及遴用辦法」第七條規定之資格任用，其最低條件為高級中學以上學校畢業，曾修習幼稚教育專業科目20學分以上成績及格者。民國八十四年在師資培育法及教師法未修改通過時，許多大專院校幼保相關科系可以用曾修習過20學分以上之專業課程申請教師登記檢任，並合格任用爲幼稚園教師及領有教師證；而托兒所保育人員之任用以「托兒所設置辦法第11條」所規定之最低資格也是高級中學及高職畢業者，曾修習幼兒教育20學分或參加保育人員專業訓練360小時合格者，如是，托兒所之保育人員品質與幼稚園相較，應是相去不遠（穆仁和，1999）。但是有幼稚園資格的幼師可以有保育員之資格，可以在托兒所工作，只是以往在托兒所工作之年資不予計算，反之，托兒所工作之保育人員並不能在幼稚園工作。然而在民國八十三年教師法、民國八十四年師資培育法及教育學程師資設立標準相繼頒布之時，將幼稚園教師提昇至大專及以上的學歷，培訓管道以各師院幼教系及大專院校的幼教學程（得修習26個學分，並實習一年）；反觀托兒所保育人員之資格在民國八十二年「兒童福利法」修改之後，在民國84年內政部頒布「兒童福利專業人員資格要點」及民國八十六年「兒童福利專業人員之訓練實施方案」規定：兒童福利保育人員包括：（1）專科以上兒童福利科系及相關科系畢業者；（2）專科以上學校畢業，並經主管機關主（委）辦之兒童福利保育人員專業訓練合格者（540小時）；（3）高中（職）學校幼兒保育、家政、護理等相關科系畢業，並經主管機關主（委）辦之兒童福利保育人員專業訓練及格者（360小時）；（4）普通考試，丙等特種考試或委任職升等考試、社會行政職系考試及格，並經主管機關主（委）辦之兒童福利保育人員專業訓練及格者（360小時）；（5）

高中（職）學校幼兒保育、家政、護理等相關科系畢業未經訓練者，或非相關科系經兒童福利保育訓練及格者（360小時），得聘爲助理保育人員。

就上列的規定來看，尤其在民國八十三年以後教師法及師資培育法公布之後，幼稚園教師之資格較齊一化，而托兒所保育人員之資格較爲參差不齊，誠如穆仁和（1999）所言：保育員比起幼師之素質不如在於：先天培育環境不良（例如，法規及培育的師資養成管道），及後天培育體系管道不暢（教師資格的認定及進修管道）。有鑑於此，內政部在民國八十六年十月頒布「兒童福利專業人員之訓練實施方案」規定凡在職及即將就職之保育人員或社工員應接受360小時（所長270小時）之在職／職前訓練以取得專業人員之資格證書，以提昇保育人員之教保品質。而受訓單位則委託大專院校有訓練保育人員之經驗者辦理，其中有些學校（例如，輔仁大學、中國文化大學、靜宜大學、實踐大學、屏東科技大學等）皆同時辦理幼稚教育學程，而所訓練課程（360及540小時）又相當於20及30學分，只是因爲體制不同，不能折算學分。其中保育員之來源又分爲高中（職）及大專相關或非相關科系畢業之成員。就保育人員及幼教師在此比較，在接受兒童福利專業人員資格訓練之保育人員實可以相當教師法及師資培育法公布以前的幼教師（有些是從幼進班或幼二專管道）之專業訓練，或可以相當於幼教學程（26個學分加上一年實習）的專業能力。但是由於有些保育人員只是高職之相關幼保科畢業，加上培訓管道不同或不能符合教師法所規定要大專以上的資格，所以保育員被拒於有幼教老師的資格。

近年來，在教育部推動第二條升學進修管道下，專科學

校紛紛改制為技術學院、科技大學，提供了不少進修的機會，保育人員的進修教育基本年限已從以往的二專程度提高至四年技術學院。從民國八十二年弘光專校與德育護專設立幼兒保育科，屏東科技大學於八十三年創立幼兒保育技術系開始，提供了高職幼保科學生畢業後多元化的升學管道，面對幼稚園教師的資格限制提高，未來保育人員的資格限制也會隨之修正。但是，量的提昇必須與質的保證做一個相對應的抗衡，在學校增加至少兩年的教育培育課程之後，除了能提增保育人員之專業素質外，更能提昇保育人員之學歷，對於日後托教合一在師資的認定，可以縮減原先之差距，也可彌補保育人員進修管道之不足。

托育服務工作專業及能力

影響老師的教學因素有很多，除了硬體設備、教師情境、教師特質及孩子之平均年齡層以外，其次就是老師所擁有的專業倫理及能力，茲分述如下：

托育服務工作專業

幼教人員專業化的發展一直不斷被關心。有些幼教工作者曾接受短期的專業訓練，有些在學經歷上都有相當的背景，有些甚至是幼教領域的專家。美國教育學會（National Educational Association, NEA）對教育專業工作之定義為：

1.專業工作必須運用專業的知識與技能。
2.專業工作必須強調服務的概念，而不計較經濟報酬。

3.專業工作人員必須經過長期的專門訓練。

4.專業工作人員必須享有相當的獨立自主權。

5.專業工作人員必須有自律的專業團體與明確的理論信條。

6.專業工作人員必須不斷地在職進修。

　　美國幼兒教育協會（National Association for the Education of Youth Children, NAEYC）已明確指出從事幼教工作者所應扮演的角色，並把他們和非專業或準專業的幼教工作者（例如，助教或助手）區分開來。不同的專業化角色需要不同的職前準備及專業知識。這些專業角色包括：助理教師、教師、校長、主任及安親班老師；除此之外，NAEYC亦指出其他像特教專家、科任老師（例如，美術、體育、音樂或外語等）、親職教育協調者、社會服務工作者、課務人員、單位行政人員等也是一種專業人員。這些專業角色通常比幼教老師需要更多職前準備及訓練。

　　NAEYC（1984）對全國相關從業人員進行調查，並明確界定專業幼教師資的分類及其應有準備和責任，茲分述如下：

　　1.助理幼教老師：指剛踏入幼教行列，並在專業人員的督導下進行教育計畫活動的教師。它通常需要有高中畢業證書或同等學歷始可擔任。一旦受聘，他們應參加專業發展教育課程。

　　2.準教師：指能單獨進行課程活動，且能負責照顧及教育一群孩子的教師。此類老師必能勝任美國兒童發展協會認證課程中的六大能力領域。

　　3.幼教教師：指不僅能照顧及指導一群孩子，且需具備

托育家庭的管理與佈置

及展現有第一、二階段的能力及擁有較多理論知識和實務技能的老師。他們必須是大學幼教系或兒童發展的相關科系畢業。

4.幼教專家：指監督、訓練教職員、設計課程並（或）執行教育計畫表。其條件是大學幼教系或有關兒童發展之相關科系畢業，且具三年以上教導幼兒和（或）更高年級的全職教學經驗。

綜合上述，美國幼教人員已全面專業化的發展，上述的分類除了有助理專業人員及專業人員（例如，我國助理保育人員及保育人員）之區分，他們更有分級之概念（例如，準幼教師→幼教師→幼教專家）。台灣目前和美國在八十年代的情況相似，許多在幼教界的從業人員完全沒有或只受過一些專業訓練，例如，我國許多從業人員來自專業相關科系畢業、幼教系畢業或幼兒保育科（系）畢業，也有非相關科系及公務員普通考試及格者，而這些人是否可以繼續擔任幼教工作或者需要更多的職前訓練（例如，兒童福利專業人員訓練），是當前急待解決的問題，這也是我國托育服務工作專業正面臨的困境。在一方面，要求較多的職前訓練，可以增加托教人員之專業化程度；但另一方面，這也將使有意願從事托育服務工作之人被擋在門檻之下，而不得其門而入。整體說來，托育服務之專業應具備：（1）能符合托育專業的工作技巧與倫理標準；（2）能反應教育、訓練和經驗的成果（郭靜晃，1999：145）。

教師之能力

教師能力（teacher competencies）所指的是身為幼教老

師應學習的一些技能，而非指個人本身特質。美國兒童發展協會（Children Development Associate, CDA）認證課程中列出六大領域及十三項教師所應具備的能力。這些能力的任證是經由一群專家透過直接觀察教學實況，並以專業素養評估之。試述如下（CDA, 1977）：

能力領域I：佈置並維持一個安全健康的學習環境。

1.在安全方面：準幼教老師應採取預防意外的必要措施以提供一個安全的環境。
2.在健康方面：準幼教老師應提供一個無疾病污染的環境。
3.在環境方面：準幼教老師必須配合孩子的發展程度選擇適當的教材、設備，並依此佈置教室。

能力領域II：增進兒童的生理發展及智能。

1.在身體發展上：準幼教老師提供各種適合孩子學習能力的設備、活動及機會來促進孩子身體上的發展。
2.在認知發展上：準幼教老師設計不同的活動及經驗，它們能鼓勵孩子發問、探索、解決問題並符合孩子的認知發展程度。
3.在語言方面：準幼教老師幫孩子學習語言並藉由語言表達他們的想法、感覺及理解程度。
4.在創作方面：準幼教老師提供各種經驗及教材以發掘並激發孩子的創造力。

能力領域III：建立孩子正向的自我觀念及個人優點。

1.在自我觀念上：準幼教老師幫助孩子去瞭解、接受並欣賞自己是一獨立存在的個體。
2.在個人優點上：準幼教老師幫助孩子發展獨立觀念且能適時表達、瞭解及控制自己的感覺。

能力領域IV：在學習環境中，統合及維持兒童與成人在團體中的正面功能。

1.在社會方面：準幼教老師幫助孩子學習和別人相處及培養孩子在團體中相互尊重的態度。
2.團體管理方面：準幼教老師提供正向的常規並建立兒童及成人皆能理解和接受的規則。

能力領域V：適當協調家庭與托育中心撫育兒童的理念。

1.家庭／托育中心：準幼教老師應和家長建立良好正面的關係，並鼓勵他們參與托育中心的活動，以達親師合作。

能力領域VI：執行有關兒童教育計畫的補助責任。

1.準幼教老師和其他教職員合作研討有關托育中心的計畫、活動、政策及規則。

而其他判斷一名優良的幼教教師的方法，包括：確認他所應瞭解的知識及他所應該做的事。以下幾點是我們認為身為幼教老師應擁有的基本知識，這些知識是發展更多知識和技能的基礎（郭靜晃等譯，1998）：

1.基本保健及安全措施的知識：身為教師最基本的職責即是保護孩子的健康及安全。如果這一方面無法做到，花費再多的心思設計課程也是枉然。老師必須保護兒童，除了瞭解疾病的傳染途徑，更要適當的管理食物和教具，並注重衛生（特別是洗手間的清潔工作），對於教室中所有可能發生意外的原因都必須留意。

2.引導孩子活動的技巧：老師必須具備設計及引導孩子學習活動的技巧某些技巧是相當簡單的，像適當地將畫圖與黏土結合以及使用剪刀的方法；某些是較複雜的，像學習中心的佈置及統合兒童一整天的活動。

教室管理技巧：一般而言，適當地變換活動可以減少課堂不當行為。老師必須知道如何建立教室規則，如何處理不當行為且不用處罰方式來影響孩子。不當的懲罰除了造成孩子的傷害外，也無法有效幫助孩子學習適當的行為。

瞭解幼教課程的內容：老師必須採取適當的教學法，並確保這些孩子能達教育計畫之目標。兒童學習範圍包括：語文、讀寫能力、社會、科學知識、以及不同教材以表達自己的想法。評量在教學上是必要的，老師須知如何判斷孩子的學習能力且是否已成功地達到教育計畫之目標。

我國幼兒托育服務之師資培育現況

我國幼兒托育服務之師資培育管道有兩大主流，一為教育部，另一為內政部。教育部主要負責有學校之教育與訓練，包括有：高教司、中教司及技職司；而內政部兒童局則負責兒童福利專業人員之培訓。本節共分為二部分——學生

來源與人數及訓練課程。茲分述如下：

學生來源及人數

　　現有的幼稚園教師培育管道，主要以台北市立師範學院等九所師範院校幼兒教育學系爲主，分爲日間部、夜間部以及暑期班三種。日、夜間部提供了未來幼稚園教師的培育，暑期班是爲了因應師資培育法與教師法的修訂，提供給目前在職幼教師的一種進修管道。根據教育部（2000）針對八十七學年度師範院校的畢業生統計資料可知：九所師範院校的日間部畢業總人數爲318人，夜間部爲351人，暑期班爲737人。至於八十六學年度的畢業人數，在日間部方面有405人，夜間部有431人，而暑期班則有637人。由此可知，平均每年約有650-850人經由師範體系取得幼教師的資格，而約有600-700在職幼教師回流學校在職進修。而截至八十七學年度爲止，師院幼教系所培育的幼教師資總人數有3,491人（包括：日間部1,453人，夜間部2,038人），在職進修的幼教師有2,532人（詳見表1）。

　　由上述資料顯示在幼稚園師資的培育上面，均有一穩定的教師養成量。而且在師資培育法及教師法通過之後，對於師範院校提供的在職進修管道也相當的暢通。由教育部（2000）所公布的幼稚園概況資料（見表2）可知：台閩地區在八十七學年度期間共有2,874所公私立幼稚園，其中現有教師爲17,795名，職員爲3,955名，另外接受幼稚教育的幼兒人數爲238,787名。在八十八學年度當中，台閩地區共有3,005所公私立幼稚園，其中現有教師爲18,168名，職員爲4,129名，另外接受幼稚教育的幼兒人數爲232,610名幼兒。如果單以師

表1 八十二至八十七學年度九大師範院校幼稚教育系學生畢業人數統計表

SNAME	DNS	82學年度	83學年度	84學年度	85學年度	86學年度	87學年度	總人數
國立台北	D	0	0	31	23	40	55	
師範學院	N	0	0	44	44	80	45	
	S	0	0	44	81	44	78	
國立新竹	D	0	0	34	29	33	45	
師範學院	S	0	0	85	82	86	82	
國立台中	S	0	0	87	86	82	85	
師範學院	D	0	0	62	45	91	60	
	N	0	0	88	84	80	40	
國立嘉義	N	0	0	77	85	91	86	
師範學院	S	0	0	42	84	85	86	
	D	0	0	28	28	37	29	
國立台南	D	0	0	49	63	69	51	
師範學院	N	0	0	118	133	47	41	
	S	0	0	0	40	90	83	
國立屏東	D	0	0	28	24	30	30	
師範學院	N	0	0	47	42	49	45	
	S	0	0	47	49	48	47	
國立台東	D	0	0	22	15	37	26	
師範學院	S	0	0	44	46	45	76	
國立花蓮	S	0	0	0	84	63	82	
師範學院	D	0	0	29	24	34	23	
台北市立	D	28	63	70	35	34	29	
師範學院	S	0	84	87	86	94	88	
	N	165	165	94	82	84	94	
日間部總人數	D	28	63	353	286	405	318	1,453
夜間部總人數	N	165	165	456	470	431	351	2,038
暑期班總人數	S	0	84	436	638	637	737	2,532

資料來源：整理自教育部（2000），《大專院校概況統計》。

托育家庭的管理與佈置

表2　八十七至八十八學年度台灣地區幼稚園幼兒收托人數及教師人數統計表

年別	總計		公立幼稚園		私立幼稚園		教師人數	
	所數	收托人數	所數	收托人數	所數	收托人數	公立	私立
八十七年	2,874	238,787	1,065	64,936	1,809	173,851	4,290	13,505
八十八年	3,005	232,610	1,160	68,563	1,845	164,047	4,550	13,618

說明：其他未立案幼稚園約2,000所

資料來源：整理自內政部社會司（2000），《內政概要統計》。

範院校幼教系的培育養成狀況來看，實在不足以提供足夠的幼教師來因應幼稚園的需要，而幾所大專院校開辦的幼稚教育學程也不能補足其缺額。因此，如何補足學校的培育課程，以因應市場的需求，就顯得相當重要了。

在托兒所方面，目前共有十一所學校設置幼兒保育科。以培訓合格的保育人員（見表3）。根據教育部（2000）在八十七學年度針對二年制幼兒保育科畢業生統計資料得知：在日間部部分畢業了1,195名學生，夜間部則有836名學生。至於八十六學年度，日間部學生共畢業了1,033名，夜間部有653名。由上述資料發現，每年平均約有2,000名學生取得托育人員資格。截至八十七學年度為止，二年制的幼兒保育系總共畢業了5,303名學生。

在幼兒保育技術系方面，目前共有屏東科技大學等九所設置。截至八十七學年度共計畢業了132名學生。由於多數學校均為新設科系，所以尚未有畢業生，故至目前為止，僅有國立屏東科技大學及國立台北護理學院孕育出具有保育人員資格的兒童福利專業人員（詳見表4）。而在高職幼兒保育科部分，八十八學年度的學校數為57所，畢業生人數為5,445

表3 八十三至八十七學年度二年制幼兒保育科畢業學術人數統計表

SNAME	DNS	83學年度	84學年度	85學年度	86學年度	87學年度	總人數
私立嘉南	D	0	0	150	157	159	
藥理學院	N	0	0	0	143		
私立輔英	N	0	0	0	106	116	
技術學院	D	0	0	0	98	102	
私立弘光	N	0	0	0	178	217	
技術學院	D	0	0	0	203	212	
私立中台	N					157	
醫護技術	D					109	
學院							
私立正修	D					100	
工商專科							
學校							
私立中台	D	0	0	102	101		
醫事技術	N	0	0	0	53		
專校							
私立中華	N				65		
醫事技術	D	0	0	0	48	51	
專校							
私立弘光	N	0	0	49	0		
醫事護理	D	98	192	203	0		
專校							
私立輔英	D	0	0	96	0		
醫事護理							
專校							
私立美和	D	0	0	94	89	94	
護理管理	N					112	
專校							
私立德育	N	0	0	0	173	169	
醫護管理	D	94	205	204	191	209	
專校							
私立長庚	D	0	0	0	50	53	
護理專科	D	0	0	98	96	106	
學校							
日間部總人數		192	397	947	1,033	1,196	3,765
夜間部總人數				49	653	836	1,538

資料來源：整理自教育部（2000），《大專院校概況統計》。

表4 八十七至八十八學年度四年制幼兒保育系畢業學生人數統計表

SNAME	87學年度	86學年度	總人數
國立屏東科技大學	53	47	
國立台北護理學院	79	44	
總人數	91	132	223

資料來源：整理自教育部統計處（2000），《大專院校教育統計》。

人，提供進修學分班有36所，共畢業了1,281人（教育部，
2000）。

內政部自八十四年頒布「兒童福利專業人員資格要點」
及八十六年頒布「兒童福利專業人員訓練實施方案」以來，
已相繼補助各縣市政府辦理兒童福利專業人員訓練（包含：
所長、保育人員、社工員及主任與保母等），從八十七年至八
十八年為止，計有教保（社工人員）6,474人及保母13,041
人，並花費九千七百六十餘萬元（參考表5）。

表5 兒童福利專業人員訓練概況

單位：元；人次

年別	教保人員訓練		保育人員訓練
	經費(元)	訓練人數	領有保母技術證人數
八十七年	39,499,000	3,082	7,297
八十八年	58,161,204	3,392	5,744
合計	97,660,204	6,474	13,041

• 內政部擇定辦理兒童福利專業人員訓練大專院校（87.10.24止）30所。

資料來源：內政部（2000），《內政概要統計》。

政府遵照兒童福利相關法規之規定，舉辦各類專業訓練。過去台灣省政府社會處為發展兒童福利事業，提昇工作人員素質，於民國五十年十二月創設「兒童福利業務人員研習中心」，以現代化社會工作方法，調訓台灣省各級政府兒童福利行政人員、業務人員及公私立育幼院、村里托兒所及一般托兒所教保人員（李鍾元，1981）。民國七十年時擴充為「社會福利工作人員研習中心」，繼續辦理相關業務。民國八十八年時受到精省的影響，改隸屬為內政部。

至於現階段的兒童福利專業人員訓練，主要是依據內政部頒布的「兒童福利專業人員資格要點」，及「兒童福利專業人員訓練實施方案（含訓練課程）」二項。在「兒童福利專業人員資格要點」部分，主要是規範各類兒童福利專業人員的資格標準，分別說明如下：

兒童福利保育人員應具有之資格

1. 專科以上學校兒童福利學系（科）或相關科系畢業者。
2. 專科以上學校畢業，並經主管機關主（委）辦之兒童福利保育人員專業訓練及格者（540小時課程之丙類保育人員訓練）。
3. 高中（職）學校幼兒保育、家政、護理等相關科系畢業，並經主管機關主（委）辦之兒童福利保育人員專業訓練及格者（360小時課程之乙類保育人員訓練）。
4. 普通考試、丙等特種考試或委任職升等考試社會行政職系考試及格，並經主管機關主（委）辦之兒童福利保育人員專業訓練及格者（360小時課程之乙類保育人員訓練）。

兒童福利助理保育人員應具有之資格

1. 高中（職）學校幼兒保育、家政、護理等相關科系畢業，但並未經兒童福利保育人員專業訓練及格者。
2. 高中（職）學校畢業，但非幼兒保育、家政、護理等相關科系，並經主管機關主（委）辦之兒童福利助理保育人員專業訓練及格者（360小時課程之甲類助理保育人員訓練）。

兒童福利社工人員應具有之資格

1. 大學以上社會工作或相關學系、所（組）畢業者。
2. 大學以上畢業，並經主管機關主（委）辦之兒童福利社工人員專業訓練及格者（360小時課程之丁類社工人員訓練）。
3. 專科學校畢業，並經主管機關主（委）辦之兒童福利社工人員專業訓練及格者（360小時課程之丁類社工人員訓練）。
4. 高等考試、乙等特種考試或薦任職升等考試社會行政職系考試及格；普通考試、丙等特種考試或委任職升等考試社會行政職系考試及格，並經主管機關主（委）辦之兒童福利社工人員專業訓練及格者（360小時課程之丁類社工人員訓練）。
5. 經國家社會工作師考試及格者，具有兒童福利社工人員之資格。

兒童福利保母人員應具有之資格

根據本要點規定,「兒童福利保母人員」應經技術士技能檢定及格取得技術士證。凡通過行政院勞工委員會職業訓練局所辦理之保母人員丙級技術士技能檢定者,即發給保母人員職類技術士證。目前國內已有一萬餘名保母人員取得技術士證照。其保母人員技能檢定應檢資格說明如下:

1.年滿20歲之本國國民。
2.符合下列條件之一:
◇完成國民義務教育(民國59年以前以國民小學畢業證書為準;民國60年以後,以國民中學畢業證書為準),並接受各級社政主管機關或其認可之單位,所辦理累計時數至少80小時托育相關訓練且取得證明者。
◇高中(職)以上幼保相關科系畢業。
3.符合規定之合格體檢表。

托兒機構所長、主任(主管人員之一)應具有之資格

1.大學以上兒童福利學系、所(組)或相關學系、所(組)畢業,具有二年以上托兒機構教保經驗,並經主管機關主(委)辦之主管專業訓練及格者(270小時課程之戊類托兒機構所長、主任訓練)。
2.大學以上畢業,取得兒童福利保育人員資格,具有三年以上托兒機構教保經驗,並經主管機關主(委)辦之主管專業訓練及格者(270小時課程之戊類托兒機構所長、主任訓練)。
3.專科學校畢業,取得兒童福利保育人員資格,具有四

年以上托兒機構教保經驗，並經主管機關主（委）辦之主管專業訓練及格者（270小時課程之戊類托兒機構所長、主任訓練）。

4. 高中（職）學校畢業，取得兒童福利保育人員資格，具有五年以上托兒機構教保經驗，並經主管機關主（委）辦之主管專業訓練及格者（270小時課程之戊類托兒機構所長、主任訓練）。

5. 高等考試、乙等特種考試或薦任職升等考試社會行政職系考試及格，具有二年以上托兒機構教保經驗，並經主管機關主（委）辦之主管專業訓練及格者（270小時課程之戊類托兒機構所長、主任訓練）。

6. 主管人員必須具備合格兒童福利保育人員資格再依其不同學歷、專業背景，要求不同年資之相關教保經驗，並經過主管專業訓練及格使得擔任。

兒童教養保護機構所（院）長、主任（主管人員之二）應具有之資格

1. 大學以上兒童福利學系、所（組）或相關學系、所（組）畢業，具有二年以上社會福利（或相關）機構工作經驗，並經主管機關主（委）辦之主管專業訓練及格者（270小時課程之己類兒童教養保護機構所（院）長、主任暨其他兒童福利機構所（園、館）長、主任訓練）。

2. 專科以上學校畢業，取得兒童福利保育人員、社工人員、保母人員等兒童福利專業人員資格之一，具有四年以上社會福利（或相關）機構工作經驗，並經主管

機關主（委）辦之主管專業訓練及格者（270小時課程之己類兒童教養保護機構所（院）長、主任暨其他兒童福利機構所（園、館）長、主任訓練）。

3. 高中（職）學校畢業，取得兒童福利保育人員、社工人員、保母人員等兒童福利專業人員資格之一，具有五年以上社會福利（或相關）機構工作經驗，並經主管機關主（委）辦之主管專業訓練及格者（270小時課程之己類兒童教養保護機構所（院）長、主任暨其他兒童福利機構所（園、館）長、主任訓練）。

4. 高等考試、乙等特種考試或薦任職升等考試社會行政職系考試及格，具有二年以上社會福利（或相關）機構工作經驗，並經主管機關主（委）辦之主管專業訓練及格者（270小時課程之己類兒童教養保護機構所（院）長、主任暨其他兒童福利機構所（園、館）長、主任訓練）。

5. 合於相關目的事業主管機關所定資格者。

其他兒童福利機構所（園、館）長、主任（主管人員之三）應具有之資格

1. 大學以上兒童福利學系、所（組）或相關學系、所（組）畢業，具有二年以上社會福利（或相關）機構工作經驗，並經主管機關主（委）辦之主管專業訓練及格者（270小時課程之己類兒童教養保護機構所（院）長、主任暨其他兒童福利機構所（園、館）長、主任訓練）。

2. 專科以上學校畢業，取得兒童福利保育人員、社工人

員、保母人員等兒童福利專業人員資格之一，具有三年以上社會福利（或相關）機構工作經驗，並經主管機關主（委）辦之主管專業訓練及格者（270小時課程之己類兒童教養保護機構所（院）長、主任暨其他兒童福利機構所（園、館）長、主任訓練）。

3.高中（職）學校畢業，取得兒童福利保育人員、社工人員、保母人員等兒童福利專業人員資格之一，具有四年以上社會福利（或相關）機構工作經驗，並經主管機關主（委）辦之主管專業訓練及格者（270小時課程之己類兒童教養保護機構所（院）長、主任暨其他兒童福利機構所（園、館）長、主任訓練）。

4.高等考試、乙等特種考試或薦任職升等考試社會行政職系考試及格，具有二年以上社會福利（或相關）機構工作經驗，並經主管機關主（委）辦之主管專業訓練及格者（270小時課程之己類兒童教養保護機構所（院）長、主任暨其他兒童福利機構所（園、館）長、主任訓練）。

6.合於相關目的事業主管機關所定資格者。

整體而言，「兒童福利專業人員資格要點」對保育人員、助理保育人員、社工人員、保母人員、主管人員的資格取得已有詳細的規定，除了有意擔任公職者須取得國家考試及格外，還可透過學校專業的養成教育、接受基本專業訓練，經技能檢定，取得合格證照及透過國家考試及格取得證照等途徑。無論經由何種方式取得兒童福利專業人員的資格，我國兒童福利專業人員已邁入制度化及法制化，是顯而易見的事實。基本上，兒童福利專業人員之保母人員主要是

提供零至六歲的家庭托育服務；保育人員及助理保育人員是
在托兒所提供三至十二歲的托育服務；而社工人員則是在托
育中心（課後輔導機構）提供七至十二歲的托育服務。

　　根據行政院主計處（2000）針對台閩地區托兒所概況的
調查中發現，全台共計有318家公立托兒所、2,283家私立托
兒所及139家社區托兒所，總收托人數由民國八十三年的
233,780人增加至民國88年的259,161人，這現象指出我國兒
童人口出生數逐年下降，但是幼兒受託於托兒所的人數卻上
揚，顯示兒童需要受托需求日漸增加（見表6）。而當前我國
的托兒服務，不管在服務品質及內容皆亟待改善，此外現行
法令、制度又不合時宜、不符需求（例如，立案需求），未立
案的托兒機構充斥，卻又無法可管。另外，托兒人才大量流
失，培訓不足，整體托兒政策，例如，托兒人員納編、證照
制度、育嬰（兒）假、家庭假、兒童津貼制度等也沒有明顯
訂定，使得托兒制度無法徹底解決（俞筱鈞等，1996）。再加

表6　八十三至八十七年台閩地區托兒所所數及幼兒收托人數統計表

年別	總計		公立托兒所		私立托兒所		社區托兒所	
	所數	收托人數	所數	收托人數	所數	收托人數	所數	收托人數
八十三年	3,650	233,780	21	4,459	1,266	112,767	2,363	116,554
八十四年	3,288	223,353	21	4,447	1,336	111,930	1,931	106,976
八十五年	2,222	234,967	227	81,903	1,548	122,657	447	30,407
八十六年	2,304	246,418	284	98,883	1,763	134,015	257	13,520
八十七年	2,348	241,669	288	98,369	1,892	133,883	168	9,417
八十八年	2,740	259,161	318	98,280	2,283	152,671	139	8,210

說明：1.84年資料不含福建省
　　　2.未立案托兒所約1,200所
資料來源：行政院主計處（2000），《台閩地區幼稚園、托兒所統計資料》。

上大多數的民眾（35.2%）認爲，目前托兒所的數目不足，其中61.7%的民眾認爲要普設公立托兒所（台灣省政府社會處，1994）。因此，提昇師資的專業性及提供誘因促使保育人員能留任托育服務機構已成爲勢在必行的任務。

托育服務之訓練課程

在課程設計方面，包含了教學基本學科，有幼兒文學、幼兒體能與遊戲，幼兒藝術、幼兒音樂與律動等等，在基礎教育課程方面則有幼兒發展與保育、特殊幼兒教育。在教育方法課程上，就包含了幼稚園課程設計、幼兒行爲觀察、幼稚園行政等等，所以基本上主要的教學內容都切合幼教師資的培育目的，另外對於實習的課程，更是課程中的重點，能夠把理論與實務做一個結合，更能夠把教育的目標以及成果顯現出來（見表7）。

表7 師範院校與大學幼稚教育學程課程比較表

學級別	教學基本學科	教育基礎課程	教育方法課程	教育實習課程
師範院校	教學原理 幼兒文學與藝術 方案教學 幼兒語言發展	幼兒發展與保育 教育心理學 特殊教育導論 幼稚園課程設計 幼稚園行政與管理	幼兒教育概論 幼兒行爲觀察 幼兒教育模式 幼兒行爲輔導	幼稚園教育實習（1） 幼稚園教育實習（2） 幼稚園教育實習（3） 幼稚園教育實習（4） 幼稚園教材教法
幼教學程	幼兒體能與遊戲 幼兒音樂與律動 幼兒文學 幼兒藝術 幼兒語表達	幼兒發展與保育 特殊幼兒教育 幼教人員專業倫理	幼稚園行政 幼兒教育導論 幼稚園課程設計 幼兒行爲觀察 幼兒教具設計與應用	教學實習（一） 教學實習（二） 幼稚園教材教法

表8　幼保技術系與幼兒保育科課程對照表

系所別	教保原理	教保實務
幼保技術系	兒童發展與保育、幼兒行為觀察教育研究法、兒童福利政策與法規、兒童福利導論、社會工作概論、幼兒文學與藝術	幼兒教保概論、教保課程與活動設計、特殊兒童教育與輔導、嬰幼兒醫療保健概論及實務、教保模式、兒童遊戲、托育機構經營與管理、嬰幼兒營養衛生概論及實務
幼兒保育科	兒童發展、嬰幼兒教育、兒童行為輔導、兒童行為觀察與紀錄、幼兒文學與藝術、親職教育	教保課程與活動設計、教材教法、教具製作與應用、兒童安全、專業倫理、兒童生活常規與禮儀、課室管理、意外事故處理、兒童遊戲

在幼兒保育技術系方面，課程設計了一般的心理學、社會學、幼兒安全、親職教育等之外，主要還分為三大類，（1）衛生保健學科，（2）幼兒教育學科，（3）學齡兒童托育服務學科。在幼兒保育科方面，則是側重在，（1）嬰幼兒教保理論，（2）嬰幼兒教保環境暨活動設計，（3）嬰幼兒托機構行政管理，（4）嬰幼兒教保實習，所以主要是切合在保育工作上面，未來因應改制後的狀況，所以需要更臻完整的課程設計，才能發揮教育的功效（見表8）。

「兒童福利專業人員訓練實施方案（含訓練課程）」則是針對專業人員的依據、目的、主辦單位、訓練單位、證書頒發、評估考核、方案實施等項目都有詳盡的規定及執行方法，特別是針對各類兒童福利專業人員的訓練課程，做了相當明確的設計與規範（見表9），以期提供最完善的訓練給兒童福利專業人員。

表9 兒童福利專業人員訓練課程一覽表

甲、助理保育員—三六○小時

課程	時數	內容概要
一、教保原理	一二六小時	
（一）兒童發展	54	兒童身心發展的知識。例如，身體、動作、語言、智力、情緒、社會、行為、人格、創造力等。
（二）嬰幼兒教育	36	嬰幼兒教育之理論基礎、沿革發展、制度、師資、未來展望等。
（三）兒童行為輔導	18	兒童行為之認識、診斷及輔導方法。
（四）兒童行為觀察與紀錄	18	兒童行為的觀察策略與紀錄分析、應用。
二、教保實務	二三四小時	
（一）教保課程與活動設計	36	各階段兒童教保單元之規劃、內容與實施。
（二）教材教法	36	兒童教材的內容、實施方式及應用。
（三）教具製作與應用	36	各階段兒童教保單元所需之教具設計、製作與應用。
（四）兒童安全	18	兒童安全與保護的意涵、內容概要、實施應用。
（五）專業倫理	18	專業的意涵、品德修養、工作態度、倫理守則。
（六）嬰幼兒醫療保健概論及實務	18	各階段兒童常見疾病的認識、預防、保建及護理之應用。
（七）兒童生活常規與禮儀	18	兒童生活常規與禮儀的認識、實施方法及應用。
（八）課室管理	18	課堂上的溝通技巧、氣氛的營造、關係的建立。
（九）學習環境的設計與規劃	18	整體教保環境的空間設計與規劃等相關問題之探討。
（十）意外事故急救演練	18	各種意外傷害急救的方法、技巧、應用及防治。
乙、保育人員（兒童福利專業人員資格要點三之（三）、（四））—三六○小時		
一、教保原理	一○八小時	
（一）兒童福利導論	36	兒童福利之意涵、理念、法規、政策及福利服務、發展趨勢。
（二）社會工作	36	兒童個案工作、團體工作、社區發展、社會資源應用。
（三）親職教育	36	親職教育的基本概念與理論、角色運作、內容規劃與實施方式。

二、教保實務　　　　　　一四四小時

（一）教保活動設計專題	18	各階段兒童教保活動之專題研究。
（二）教保模式	18	教保模式的意涵與理論、實施方式以及應用。
（三）教材教法專題	18	兒童教材實施方式之專題研究。
（四）幼兒文學	18	幼兒讀物的選擇、賞析、應用。
（五）專業生涯與倫理	18	生涯規劃的理論與應用、自我成長、專業倫理。
（六）兒童遊戲	36	兒童遊戲的意義、理論、類別與輔導技巧、內容規劃及啓發應用。
（七）兒童安全	18	兒童安全與保護的意涵、內容概要、實施應用。

三、其他　　　　　　　　一〇八小時

（一）特殊兒童教育與輔導	36	各類特殊兒童之身心特徵（例如，智障、感覺統合失調、殘障、自閉症、過動兒、資優生）、教保方式、親職教育。
（二）嬰幼兒醫療保健概論	18	各階段兒童常見疾病的認識、預防、保建及實務及護理之應用。
（三）壓力調適	18	壓力的認識、解析及調適方式。
（四）人際關係	18	人際關係的理論、溝通技巧、實際應用。
（五）嬰幼兒營養衛生概論及實務	18	各階段兒童成長所需之餐點設計及製作。

丙、保育人員（兒童福利專業人員資格要點三之（二）一五四〇小時

一、教保原理　　　　　　二一六小時

（一）兒童發展與保育	54	兒童身心發展的知識。例如，身體、動作、語言、智力、情緒、社會、行爲、人格、創造力等。
（二）幼兒教育	36	幼兒教育之理論基礎、沿革發展、制度、師資、未來展望等。
（三）兒童行爲觀察與紀錄	18	兒童行爲的觀察策略與紀錄分析、應用。
（四）兒童福利導論	36	兒童福利之意涵、理念、法規、政策及福利服務、發展趨勢。
（五）社會工作	36	兒童個案工作、團體工作、社區發展、社會資源應用。
（六）親職教育		親職教育的基本概念與理論、角色運作、內容規劃與實施方式。

二、教保實務　　　　　　　二七○小時

（一）教保課程與活動設計　72　各階段兒童教保單元之規劃、內容以及實施。
（二）教材教法　　　　　　72　兒童教材的內容、實施方式及應用。
（三）教具製作與應用　　　18　各階段兒童教保單元所需之教具設計、製作與應用。
（四）課室管理　　　　　　18　課堂上的溝通技巧、氣氛的營造、關係的建立。
（五）學習環境的設計與規劃18　整體教保環境的空間設計與規劃等相關問題之探討。
（六）兒童遊戲　　　　　　36　兒童遊戲的意義、理論、類別與輔導技巧、內容規劃
　　　　　　　　　　　　　　　及啟發應用。
（七）幼兒文學　　　　　　36　幼兒讀物的選擇、賞析、應用。

三、其他　　　　　　　　　五四小時

（一）特殊兒童教育與輔導　6　各類特殊兒童之身心特徵（例如，智障、感覺統合失
　　　　　　　　　　　　　　　調、殘障、自閉症、過動兒、資優生）、教保方式、親
　　　　　　　　　　　　　　　職教育。
（二）嬰幼兒醫療保健概論　18　各階段兒童常見疾病的認識、預防、保建以及護理之
　　　及實務　　　　　　　　　用。

丁、托兒機構所長、主任——二七○小時

一、兒童福利專論　　　　　三六小時

（一）兒童保護　　　　　　9　兒童保護的意義、內容概要、實施應用。
（二）兒童權力　　　　　　9　兒童權力的意識、內涵及實施應用。
（三）兒童福利政策與法規　9　兒童福利之意涵、政策取向、法規內容。
（四）各國兒童福利比較　　9　各國兒童福利政策、法規制度、服務措施及分析比
　　　　　　　　　　　　　　　較。

二、托育服務專論　　　　　五四小時

（一）托兒機構評鑑　　　　18　托兒所之評鑑內容、方式及實施。
（二）托育服務問題　　　　18　托育服務推展現況之相關問題探討。
（三）各國托育服務比較　　18　各國托育服務政策、法規、制度、服務措施及分析比
　　　　　　　　　　　　　　　較。

三、托兒機構經營與管理　　九○小時

（一）公共關係　　　　　　18　公共關係之基本理念、原則、技巧、人脈網絡之運
　　　　　　　　　　　　　　　用、資源之結合對機構營運之影響。
（二）財務管理　　　　　　18　財務管理之基本原理、實施與應用。

（三）教保實務管理	18	教保實務的行政運作、機構管理等常見問題作專題實務探討。
（四）人力資源管理	18	機構人員之獎懲、晉升、福利等制度規劃，及差勤、異動之有效管理。
（五）領導與溝通	18	領導的理論、基本要領、領導者應有的風範、智能、擔當、應變及與屬下關係之探討。

四、托兒機構教保專題　　五四小時

（一）社會調查與研究	18	社會調查與研究之基本概念、理論應用及實施。
（二）教保方案設計與評估	18	教保方案之設計原則、目的、實施的考量，以及效益評估之探討。
（三）教保哲學與發展史	9	教保哲學思想的起源、發展、及對兒童之影響。
（四）教保專業倫理	9	專業的意義、教保人員的專業智能、專業的品德修養與態度、道德教育、及專業組織等的探討。

五、托兒機構社會工作　　三六小時

（一）兒童個案管理	9	個案工作之基本原理、倫理守則、實施應用、及對兒童行為之輔導。
（二）社區工作	9	社區的基本概念、發展、資源運用、社區組織、社區關係。
（三）特殊兒童工作	9	各類特殊兒童之身心特徵（例如，智障、感覺統合失調、殘障、自閉症、過動兒、資優生）、教保方式、親職教育。
（四）親職教育	9	親職教育實務運作方式及問題評估

戊、兒童教養保護機構所（院）長、主任
其他兒童福利機構所（園、館）長、主任──二七〇小時

一、兒童福利專論　　　一〇八小時

（一）兒童權力	18	兒童權力的意識、內涵及實施應用。
（二）兒童保護	36	兒童保護的意義、內容概要、實施應用。
（三）兒童福利政策與法規	36	兒童福利之意涵、政策取向、法規內容。
（四）各國兒童福利比較	18	各國兒童福利政策、法規制度、服務措施及分析比較。

二、福利機構經營與管理　　七二小時

（一）公共關係	18	公共關係之基本理念、原則、技巧、人脈網絡之運用、資源之結合對機構營運之影響。
（二）財務管理	18	財務管理之基本原理、實施與應用。
（三）人力資源管理	18	機構人員之獎懲、晉升、福利等制度規劃，及差勤、異動之有效管理。
（四）領導與溝通	18	領導的理論、基本要領、領導者應有的風範、智能、擔當、應變及與屬下關係之探討。

三、專題討論　　九〇小時

（一）社會調查與研究	18	社會調查與研究之基本概念、理論應用及實施。
（二）福利服務發展	18	福利服務的意涵、措施要領、發展沿革。
（三）方案規劃與評估	18	方案之設計原則、目的、實施等的考量，以及效益評估之探討。
（四）輔導與諮商	18	諮商與輔導的基本概念、專業倫理、溝通技巧與實施應用。
（五）專題研究	18	就專業倫理、危機管理、壓力管理、家庭暴力等議題做專題討論。

資料來源：內政部（1997），《兒童福利專業人員訓練實施方案》。

綜合上述，托育服務之資格養成及訓練課程可歸納有三個層面：

四年制高等教育之養成訓練

民國七十八年後之幼教系及八十六年後之大學幼稚教育學程以培育幼稚園教師為主。而托兒所之保育人員部分，則以大專院校之青少年兒童福利學系、生活應用科學系及八十六學年度之後的四年科技大學幼兒保育系之學生為主。在其訓練課程方面，幼稚園教師的資格取得，若是經由師範院校之幼稚教育系體系者，除需修畢128個本科學分（42個必修學分及86個選修學分）外，尚需加修20個幼稚教育學程。另外，大學之幼稚教育學程則是除本科之128個學分外，尚需修習27個幼稚教育相關課程及實習。至於保育人員的資格取得，只要是畢業自大學之青少年兒童福利學系、生活應用學系及幼兒保育系之學生皆可取得資格。其中，青少年兒童福利學系與生活應用科學系在其畢業學分中，除了共同必修學分之外，在其選修學分部分尚需包含至少26學分之幼稚教育相關課程學分。四年制幼兒保育系除了廿幾個共同必修學分之外，其餘皆是涉及幼兒托育及教育之相關理論與實務之課程。所以說來，四年制幼保系之訓練與九大師院之幼稚教育系訓練雷同，只是四年制幼保系將年齡提昇至十二歲（例如，屏東技術學院）。至於青少年兒童福利學系與生活應用科學系等之兒童福利相關科系所開之幼稚教育課程（約20-30個學分）則較相似幼教學程之學分。

二年制技職教育之養成訓練

主要是以培育幼稚園教師為主。其師資來源，例如，七十二年師專成立二年制幼師科及八十三學年度技職司所成立

之二年制幼兒保育科之畢業生皆屬之。其訓練課程可分為教保原理及教保實務兩大類，除必修的72學分外，學生尚可依其興趣選修10學分，來增強自我實力。二年制之幼兒保育科因符合兒童福利專業人員之專科以上相關科系畢業之規定，故其保育人員資格的取得，在其畢業後經由托兒所申報社會局始得承認。

高中（職）畢業加上20學分之專業課程訓練

幼稚園教師資格的取得，在民國八十四年師資培育法及教師法未通過之前，如修習過各師範院校所辦理的20學分的專業教育學分課程，即得以申請教師登記檢任。在托兒所保育人員資格方面，則以接受民國八十六年公布之兒童福利專業人員訓練實施方案至少360小時（約20個專業學分）之訓練及格者為限，得以申請助理保育人員或保育人員之資格。

揆諸托兒所與幼稚園工作人員之資格與課程，可以分為三個階段：高中（職）、二技及四年大學畢業，而且各個階段之訓練及資格要求有其相似之處，只是因時間的推移加上立法之規範，目前在幼稚園是採最高學歷認證，而托兒所是採取最低學歷或採取專業訓練及格認定。爰此，我國托育培訓體系遂成為兩種分化之管道，一為師範體系，另一為托兒所教保人員之體系。前者在法令實施與推廣及培育體系管道通暢之下，造成了優勢的培育環境，也增加師資的提昇與素質之齊一化；而後者仍屬於低學歷認定，只有專業課程及學分之培訓與養成，因而造成保育人員素質的參差不齊。

結語

　　托育服務工作者的培育通常是在大學及學院的幼兒教育系或兒童福利系等相關的科系中養成。即使托育工作者的培訓計畫不斷改變，大多數的人還是以接受一般的養成教育為主。多數的培訓課程要求學生在普通教育上也擁有廣博的認識或專精某一領域。而普通教育的領域則包括：語文和讀寫能力、數學、科學、社會科、美術和音樂、健康教育以及體育等。近幾年來，幼兒教育的專業化已漸受到關切，我們從幼教從業人員的資格標準提昇及強調其持續的專業發展中得到佐證。為了提增托育服務輸送之品質，以及建構一質優量足的多元托育環境，未來托育服務必然要走向專業化及托教整合之模式，而且是指日可期的。

托育工作專業化

　　托育服務工作者已有立法規定並正式成為一種專業，在托育服務專業教育中，專業倫理價值觀的養成是一種重要的工作。兒童福利開宗明義及定義所有兒童福利工作者應以兒童最佳利益為考量，尤其對這些身心尚未成熟，缺乏自主能力的主人翁，托育服務工作人員恪守專業倫理守則就顯得更為重要。

　　近幾年來，台灣幼兒的托育人員的專業化已漸受到關切，我們可從幼稚園老師的資格標準提昇及兒童福利專業人員（例如，保育員、助理保育員）主管資格要點訂定及培訓，瞭解這個專業已持續在發展中。在社會變遷中，吾人可發現托育服務不斷地在改變，托育人員必須要跟得上時代。

托育服務工作專業價值觀的培養及專業倫理的恪守是未來的托育人員教育及發展中應融為一體的，這也是托育理論與實務的融合。未來托育服務之專業倫理價值的培養應從下列四方面著手：

1. 托育服務理論的指導與教育：托育服務不是本著具有愛心、耐心，對兒童「有做即好」的照護行為，或本著人道及慈善心即可；托育服務是一門專業，其凝聚了托育專業理論之深層思考，並本著兒童發展理論基礎，採用專業技能來為兒童謀取最佳的成長與發展。托育服務專業價值觀是專業人員，對兒童、家庭、社區本質的理性思考，這種專業不能只靠感性，個人經驗來建立，而是應藉理論之指導，再加上個人之實務的聯合，幫助這些正將從事這門領域的工作者進一步認識及接受此種專業價值觀。

2. 落實實務的實踐：專業倫理價值觀必須靠不斷地、反覆地實踐，並成為個人思維及行為之定性（habituation），專業行為才能得以發揮。在專業價值觀培養過程中，力行實踐是不可少的。

3. 發揮自我不斷再教育的功能：時代在變遷，充實技能是必要的，托育人員應學習更多有關自己及教學的知識，以各種不同方法來跟上潮流。

4. 托育服務工作價值觀教育不能是被動的、灌輸的：相對地，要發揮主動及自我教育的功能。托育人員的進修，例如，會談、工作坊、教學觀摩、研討會，都可以協助托育人員增進教保品質。

托育服務主要工作是照顧與教育，這是一門要求有道德行為的複雜工作與專業，身為一個托育人員除了要擁有一些專業的知能之外，必須還要有專業價值觀及服從各專業所規範的專業倫理守則，以確保托育的品質，進而為孩子謀取最佳的利益與福利。

托教的分與合

幼兒教育應採取單軌制或雙軌制，一直是眾所紛云。從廣義的角度來看，幼兒教育是一種非正式的教育，應包括托兒所與幼稚園（邱志鵬、陳正乾，1999）。從大多數的工業化國家還是執雙軌制較多，除了丹麥因規定七歲以前不能教學，所以保持其單軌制。而雖然執行雙軌制（教育及福利）之功能，實應包括教育兒童及補充親職教育功能不足的兒童照顧功能。我國因隸屬不同行政單位—教育部與內政部，接受不同法規管道，但是實際執行之課程及功能卻是重疊的，因此造成現有托育服務之紛亂。因此，在民國八十七年七月二十一日全國社會福利會議開幕典禮，行政院院長指示：「廣設托兒設施，並整合托兒所與學前教育」。基於國家對於幼兒教育（照顧）沒有明確的政策時，加上現有兒童托育體制劃分（或因年齡或功能）不清楚而導致功能重疊，幼托是該分、該合，個人提出下列的看法及選擇性（郭靜晃，1999：294）：

1. 基於國家整體兒童照顧體系的建立，得以考慮國家教育往下延伸一年，而劃分零至五歲屬於兒童照顧體系，六至八歲屬於幼稚教育體系，但前提應將小學一、二年級教學幼兒化，而不是將五至六歲幼兒小學

托育家庭的管理與佈置

教育化。幼稚教育應屬於半天班之教學，其他則有兒童照顧體系來補充親職角色照顧不足的托育。

2. 維持原有幼教兩軌體系，各執其應有的功能，嚴格執行現有之法規規範，並做明確的功能認定。縱然我國立法已有清楚的雙軌制之規範，但是從民國四十四年頒布托兒所設置辦法以來，造成法律、制度與現況的差距，更造成政府主管單位所規範及現有業者所做之間的差距，政府官員說業者不遵守法規，違反作業，而業者說法規不符合需求，紛紛云云及困擾迄今未能獲得妥善解決。

3. 為其符合幼兒之最佳利益，不衝擊現有業者生存空間，並就資源公平分配及教保兼俱之原則下，可考慮依據兒童年齡為整合之分界點。依據法規，幼稚園與托兒所對四至六歲的兒童所提供的服務是相同的，甚至有不少幼稚園之業者也實際擴充至對三歲兒童的托育。既然是相同的服務，則不必受兩種法規及不同行政單位所管理及規範，因此個人建議以三歲為年齡之分界點，並將兒童照顧體系之業務事權明確統一，以俾利行政管理。三歲以前隸屬社政單位主管，並分別設置零至二歲之「托嬰兒」及二至三歲的「幼嬰兒托育中心」並配合家庭保母，及其他托育之政策將三歲以前之幼兒定位於保育之托育服務；而三至六歲之幼童教保工作整合原有「托兒所」及「幼稚園」統稱為「幼兒園」，隸屬教育單位主管。在此方案之原則應考量：整合後之「嬰幼兒托育中心」及「幼兒園」，其設施規範應要就托兒所設置辦法或重新通盤檢視，在不影響公共安全及教保品質之前提下，立案從寬，以鼓

勵民間參與學前幼教托育事業及原有業者，而教保內涵及師資標準從嚴，以提昇專業素質，並考量師資合流之可行性。

幼托人員之合流的最大困難是在於法規。在現行之法規之下，幼稚園老師和托兒所之保育人員是不可以流通，而且托兒所並沒有教師這個資格。根據現行的「托兒所設置辦法」第十條的規定，托兒所認定老師的資格不同於「師資培育法」所認定的資格，而且「師資培育法」之老師的養成訓練皆比托兒所保育人員之層級及投資來得高。據此，顧及考慮托教合一之可行，個人認為實有必要將教保人員（合併成幼兒園之統一名稱）實有分級之必要性。

幼托合一應朝制度法令合一的走向來進行以進而涉及機構合一，主管單位定位清楚並全面規劃統一教保人員之職務級，以使托教人員職務齊一化。托育服務是反映國家對兒童照顧的社會及家庭的政策之一，我國托育服務的發展過程中，由於法規設立未能制訂完備，致使托育服務機構之功能性規劃混淆不清，其間在設立時有因應，不同之學齡前兒童年齡、收托時間、提供服務設施或單位而有其不同之名稱與功能。撥諸世界各發展國家，有教育及保育之兩軌制（教育與社會福利），也有單軌制，並且在年齡也有所區分，以美國、英國為例，幼稚教育係指五至八歲之兒童，而零至五歲之兒童則隸屬社會福利之兒童照顧體系（目前台北市趨向朝向這種模式進行托教之分流與整合）。據此，則是國民教育向下延伸一年而成為十年國教，並將普遍設立公立幼稚園，並將小學一、二年級教學符合幼兒化之原則，諸此問題則要全面考量教育政策及資源是否可以配合。托育服務也有從功能

來區分，例如，我國的托教政策，據此觀點要從法律與制度來認識及區分「托兒」與「教育」之區別，但由於法律之規範，行政之公權力及業者不能配合，而造成現今托育現況與法律之規範的差距，更造成現有之困擾。托教之區分的第三個方式則以年齡為劃分依據，例如，日本是以四至六歲為分野，為顧及符合兒童之最佳利益，不損害現有業者生存空間及行政執行之劃分，這也不失為一種解決問題的策略（目前台北縣朝向四至六歲托兒所與幼稚園老師與保育員可以相互承認之合流做法）。

據此，為符合現有托育之現況，筆者建議以三歲為劃分點，分為零至三歲的兒童托育及三至六歲的幼兒教育的兩種兒童照顧方式，合而成為我國兒童照顧體系，各司其職，各顯其功能。從此一角度為出發點，托教之工作人員的齊一化及合流則勢在必行，但因教育投資、專業訓練背景之不同，合流而不劃分其等級有失其公平性，因此合流後之分級制也不失是一可行解決不公平的策略之一。長久以來，托兒所及幼稚園之執行皆身兼教與保之功能，工作內容一致，而資格（歷）不同，就應有不同的待遇，但如資格（歷）相同，工作內容又一致，那待遇就得一致，因此合流之後的分級如果可行，更應清楚明列各等級之最低待遇，以確保托育人員之生活照顧，如此一來，健全托育服務品質之齊一化則指日可待。

參考文獻

中文部分

內政部（1997），《兒童福利專業人員訓練實施方案》。內政部：社會司。

內政部社會司（2000），《內政概要統計》。內政部：社會司。

王立杰、田育芬、段慧瑩（1998），《托育機構行政管理與實務》。台北：永大書局。

王麗容（1999），展望二十一世紀家庭政策—給女性一個選擇。中華民國社會福利學會：家庭、社會政策及其財務策略國際學術研討會。

行政院主計處（2000），《台閩地區幼稚園、托兒所統計資料》。行政院：主計處。

李鍾元（1981），《兒童福利》。台北：金鼎出版社。

周震歐（1992），托育服務類型及其實務運作之調查研究。台北：兒童福利聯盟文教基金會委託研究。

俞筱鈞、郭靜晃、彭淑華、張惠芬（1996），學齡前托育問題之研究。行政院發展考核委員會委託研究。

翁毓秀（1992），《台灣地區托兒所現況調查報告》。內政部社會司委託研究。

教育部（2000），《中華民國大專院校概況統計》。

教育部統計處（2000），《中華民國教育統計》。

郭靜晃（1999），幼教人員合流之分級制度可行之探討。《社區發展季刊》，86，280-298。

郭靜晃（1999），托育服務工作專業及專業倫理。《社區發展季刊》，86，143-148。

郭靜晃、陳正乾譯（1998），《幼兒教育：適合3-8歲幼兒的教學方法》。台北：揚智文化。

郭耀東（1991），托育服務需求與供給—托育服務現況報告。托育服務綜合研討會。台北：兒童福利聯盟文教基金會委託研究。

馮燕（1995），《托育服務：生態觀點的分析》。台北：巨流圖書。

穆仁和（1999），《兒童托育服務的省思：台灣托兒所保育人員品質提昇之需要性》。

英文部分

Child Development Associate Consortium (1977). *Competency standards*. Washington DC: The Consortium.

National Association for the Education of Youth Children (1984, November). Result of the NAEYC survey of child care salaries and working conditions. *Young children*, pp.9-14.

◎保母人員技術士技能檢定規範說明
◎保母人員技術士技能檢定規範

保母人員技術士技能檢定規範說明

一、依據「兒童福利專業人員資格要點」第五點辦理「保母人員應經技術士技能檢定合格取得技術士證」。

二、本規範之目標,在制定保母人員技能檢定之方式及內容,並建立保母人員服務所需「知」、「技」、「情」的基本標準,以保障嬰幼兒福祉。

三、本職類之職能範圍係屬嬰幼兒之生活照顧,故特別注重應試者之個人條件是否適任保母人員。

四、本規範之內容包括學科暨術科檢定範圍及相關知識、技能與情意。

五、本職類檢定之知能包括「職業倫理」、「嬰幼兒托育導論」、「嬰幼兒發展」、「嬰幼兒保育」、「嬰幼兒衛生保健」、「嬰幼兒生活與環境」、「親職教育」等七項。

六、保母人員丙級技術士技能檢定應檢資格如下:

（一）年滿廿歲之本國國民。

（二）符合下列條件之一:

1.完成國民義務教育（民國五十九年以前以國民小學畢業證書為準;民國六十年以後以國民中學畢業證書為準）,並接受各級社政主管機關或其認可之單位所辦理累計時數至少八十小時托育相關訓練且取得證明者。

2.高中（職）以上幼保相關科系畢業。

保母人員技術士技能檢定規範

行政院勞工委員會八十六年七月十九日
台八十六勞職檢字第三○一○五號公告

級別：丙級

工作範圍：秉持職業倫理，運用托兒服務相關知識技能與情意，照顧嬰幼兒的生活。

應具知能：應具備下列各項知識及技能。

工作項目	技能種類	技能標準	相關知識
職業倫理	明瞭法規	認識托兒相關之法律常識。	托育法律常識。 兒童保護法令。 兒童及家庭的權利。 保母人員的權利。
	個人進修	樂於充實知識，接受有助保母工作之職前、在職、進階訓練及相關進修機會。 社會資源的掌握。	接受專業訓練。 勤於接受新知，把握進修機會。 善於運用托育相關資源。
	工作倫理	維持個人身心平衡與自家環境整潔及有禮形象。 遵守保母之角色職責與倫理守則。 認識保母身教的重要性。	注重個人操守與儀表。 敬業的態度。 與家長充分溝通並建立良好關係。 尊重嬰幼兒及其父母間的親子關係。 保守嬰幼兒及其家庭的秘密。 履行契約或承諾。

工作項目	技能種類	技能標準	相關知識
嬰幼兒托育導論	意義與沿革	瞭解托育的主要意義內容及重要影響 瞭解托育之起源與展望。	不以任何理由傷害嬰幼兒身心發展。 成人言行對嬰幼兒的影響。 兒童福利的基本概念。 托育服務對嬰幼兒成長之重要性。 我國托育服務的發展與未來的趨勢。
	政策與法令	瞭解與托育服務有關的政策與法令。	兒童福利法暨其施行細則。 兒童福利專業人員資格要點。 托兒機構設置標準與設立辦法。 其他相關政策與法令。
	服務措施	瞭解托育服務之相關措施。 瞭解各國托育概況。	托育服務措施概要。 保護兒童相關措施。 各國托育制度與實施。
嬰幼兒發展	嬰幼兒生理與動作發展	瞭解嬰幼兒的生長與發育。 瞭解嬰幼兒動作能力的發展。 熟知動作能力的輔導策略。 嬰幼兒的生理發展原則及程序。 動作發展的原則及輔導技巧。	身高的發展。 體重的發展。 其他相關的身體發展。 動作的發展原則。 動作的發展程序。 粗、細動作的發展。 各種動作能力的增進。 集中注意力的培養。

工作項目	技能種類	技能標準	相關知識
	嬰幼兒的人格發展	瞭解新生兒氣質理論。瞭解嬰幼兒氣質並調整保育策略。瞭解並協助嬰幼兒發展良好的性別認定。瞭解並協助嬰幼兒的情緒發展。	氣質的定義與類型。氣質與親子關係。氣質與嬰幼兒同儕人際關係。氣質特性與輔導技巧。性別認定的發展。嬰幼兒情緒表達方式。
	嬰幼兒認知能力	瞭解嬰幼兒認知能力的發展。	認知發展基本概念。認知發展的分期。增進嬰幼兒的認知發展。
	嬰幼兒語言發展	瞭解嬰幼兒語言的發展。	語言發展的階段。閱讀能力的發展。
	嬰幼兒社會行為	瞭解嬰幼兒社會行為的發展。	社會行為的意義。社會行為的發展階段。社會技巧的學習。
	嬰幼兒發展評估	認識嬰幼兒發展遲緩的鑑定。	動作、情緒、社會性及語言的發展遲緩徵候。
嬰幼兒保育	嬰幼兒基本生活	熟知嬰幼兒所需裝備和衣著。瞭解哺乳技能和常識。熟知日常生活照顧的注意事項。	嬰幼兒所需各種用具與設備。衣物與寢具的選擇。瞭解母奶哺乳的價值及方法。人工哺乳的用具與方法。嬰幼兒食具的清理與消毒。斷奶與換奶粉應有的

工作項目	技能種類	技能標準	相關知識
			認識。 洗澡、睡眠、啼哭及大（小）便訓練等知能。 居家安全的意義和注意事項。
	嬰幼兒營養與食物調配	瞭解嬰幼兒的營養需要與飲食特點。 具備嬰幼兒餐點設計的知識與操作技巧。 具備嬰幼兒副食品調製的知識與技能。 具備嬰幼兒飲食問題的處理技巧。	營養素的來源與營養常識。 食物的分類。 均衡飲食與健康的關係。 食物的選購及製備技能。 各階段嬰幼兒餐點設計原則。 各階段嬰幼兒餐點製作技巧。 均衡餐點的調配。 提供點心的原則。 副食品添加的年齡及時間。 各類副食品的調製方法。 各種嬰幼兒食品衛生與安全常識。 嬰幼兒飲食習慣的建立。 不良飲食習慣的處理。
嬰幼兒衛生保健	衛生保健常識	具備嬰幼兒衛生及保健知識與正確醫療觀念。 認識嬰幼兒常見的健康問題及處理方法。 具備避免嬰幼兒運動傷	預防勝於治療的知能。 嬰幼兒保健要領。 全民健保與公共衛生。

工作項目	技能種類	技能標準	相關知識
		害的知能。 維持健康的家庭環境。	定期健康檢查的時間與重要性。 嬰幼兒健康狀況的記錄與評估。 換尿布的知能。 口腔衛生的保健常識。 嬰幼兒視力與聽力的保健常識。 一般運動的知能。 嬰幼兒運動的技巧與注意事項。 居家環境的整潔與衛生。 環保資源回收。
	嬰幼兒疾病預防與照顧	認識嬰幼兒身體的常見疾病。 能判斷嬰幼兒的異常狀況。 具備照顧病童的技巧。 具備嬰幼兒疾病預防的知識。 瞭解傳染病的預防與處理。	新生兒身體特徵與疾病篩檢的認識。 疾病的種類、病因及病狀。 嬰幼兒罹患疾病的徵兆。 急診狀況與就醫前的準備。 嬰幼兒用藥需知。 與病童溝通的技巧。 病童護理技巧。 預防接種及其反應。 防止交互傳染的方法。 特殊嬰幼兒的照顧。
	意外傷害的預防與急救處理	熟知意外傷害的預防措施。 具備急救處理知能。 掌握嬰幼兒意外傷害的護理技能。 具備安全設備的使用	嬰幼兒意外事件的種類。 預防措施的準備。 意外傷害預防的警覺性。 急救常識及方法。

托育家庭的管理與佈置

工作項目	技能種類	技能標準	相關知識
		技巧。	心肺復甦術的技能。 急救用品與一般保健箱的準備與使用。 各種嬰幼兒意外傷害的護理。 各種消防設備的使用知能。 各類逃生設備的使用知能。 各類防護設備的使用知能。 安全設備的維護需知與使用時機。
嬰幼兒生活與環境	托育環境的規劃與佈置	掌握嬰幼兒生活空間的設計及安全考量。 具備嬰幼兒生活環境的規劃知能。	日常生活空間設計與佈置。 安全環境的規劃。 生活與學習環境的規劃與佈置。 生活環境的美化。
	生活的安排與常規建立	建立良好的生活常規。 營造溫馨的生活氣氛。	生活常規的培養。 生活作息的規劃。 嬰幼兒的人際關係。 嬰幼兒學習互動的歷程。 嬰幼兒藝術氣質的培養。 與嬰幼兒的良性互動。
	遊戲與活動設計	設計並引導適合嬰幼兒發展的活動。 選擇適合嬰幼兒發展所需玩具與教材的能力。	嬰幼兒遊戲的設計與帶領。 各領域（情緒、常識、語文、唱遊、運動、手工藝等）的活動設計與

工作項目	技能種類	技能標準	相關知識
		啟發嬰幼兒學習能力的技巧。 設計與安排增進親子關係的活動。 運用家庭與社區資源引導嬰幼兒活動。	帶領。 嬰幼兒玩具、教材及圖書的選擇。 為嬰幼兒說故事的技巧。 激發嬰幼兒潛能的技巧。 親子遊戲設計與帶領。 戶外活動的安排。 資源的再運用。
親職教育	親子關係	瞭解親子關係的重要性。 瞭解照顧者對嬰幼兒的影響。	親子關係對嬰幼兒發展的影響。 嬰幼兒依附關係發展。
	教養方式	辨識管教的類型及其影響。 確認適當的管教方法。 認識嬰幼兒的行為問題與輔導方法。	管教嬰幼兒的方法。 鼓勵嬰幼兒的技巧。 嬰幼兒日常生活常規的建立。 嬰幼兒行為問題的處理技巧。
	溝通技巧	瞭解與嬰幼兒溝通的方式及原則。 認識適當溝通的方法。 具備與家長溝通的知能。	口語與非口語的溝通技巧。 積極與消極的溝通方法。 傾聽與回饋的技巧。 與家長溝通的方式。
	家庭管理	瞭解有效的家事管理原則與方法。 家庭財務管理。	時間管理。 家事的經營與管理。 平衡家庭經濟收支。

兒童福利專業人員資格要點

中華民國八十四年七月五日

台(84)內社字第八四七七五一九號函頒

一、本要點依兒童福利法（以下簡稱本法）第十一條第二項
　　規定訂定之。

二、本要點所稱兒童福利專業人員如下：

　　（一）保育人員、助理保育人員。
　　（二）社工人員。
　　（三）保母人員。
　　（四）主管人員。

　　　　　1.托兒機構之所長、主任。
　　　　　2.兒童教養保護機構之所（院）長、主任。
　　　　　3.其他兒童福利機構之所（園、館）長、主任。

　　前項托兒機構係指本法第九條第二款所稱托兒機構及第
　　二十二條第一款所列托兒所；兒童教養保護機構係指本
　　法第二十二條第六款及第二十三條所列各款兒童福利機
　　構；其他兒童福利機構係指本法第二十二條第二款至第
　　五款、第七款及第八款所列兒童福利機構。

三、兒童福利保育人員應具下列資格之一：

　　（一）專科以上學校兒童福利科系或相關科系畢業者。
　　（二）專科以上學校畢業，並經主管機關主（委）辦之兒
　　　　　童福利保育人員專業訓練及格者。
　　（三）高中（職）學校幼兒保育、家政、護理等相關科系
　　　　　畢業，並經主管機關主（委）辦之兒童福利保育人

員專業訓練及格者。

（四）普通考試、丙等特種考試或委任職升等考試社會行政職系考試及格，並經主管機關主（委）辦之兒童福利保育人員專業訓練及格者。

前項第三款未經專業訓練及格者，或高中（職）學校畢業並經主管機關主（委）辦之兒童福利保育人員專業訓練及格者，得聘為助理保育人員。

四、兒童福利社工人員應具下列資格之一：

（一）大學以上社會工作或相關學系、所（組）畢業者。

（二）大學以上畢業，並經主管機關主（委）辦之兒童福利社工人員專業訓練及格者。

（三）專科學校畢業，並經主管機關主（委）辦之兒童福利社工人員專業訓練及格者。

（四）高等考試、乙等特種考試或薦任職升等考試社會行政職系考試及格；普通考試、丙等特種考試或委任職升等考試社會行政職系考試及格，並經主管機關主（委）辦之兒童福利社工人員專業訓練及格者。

五、兒童福利保母人員應經技術士技能檢定及格取得技術士證。

六、托兒機構之所長、主任應具下列資格之一：

（一）大學以上兒童福利學系、所（組）或相關學系、所（組）畢業，具有二年以上托兒機構教保經驗，並經主管機關主（委）辦之主管專業訓練及格者。

（二）大學以上畢業，取得本要點所定兒童福利保育人員

資格，具有三年以上托兒機構教保經驗，並經主管機關主（委）辦之主管專業訓練及格者。

（三）專科學校畢業，取得本要點所定兒童福利保育人員資格，具有四年以上托兒機構教保經驗，並經主管機關主（委）辦之主管專業訓練及格者。

（四）高中（職）學校畢業，取得本要點所定兒童福利保育人員資格，具有五年以上托兒機構教保經驗，並經主管機關主（委）辦之主管專業訓練及格者。

（五）高等考試、乙等特種考試或薦任職升等考試社會行政職系考試及格，具有二年以上托兒機構教保經驗，並經主管機關主（委）辦之主管專業訓練及格者。

七、兒童教養保護機構之所（院）長、主任應具下列資格之一：

（一）大學以上兒童福利學系、所（組）或相關學系、所（組）畢業，具有二年以上社會福利（或相關）機構工作經驗，並經主管機關主（委）辦之主管專業訓練及格者。

（二）專科以上學校畢業，取得第三點至第五點所定兒童福利專業人員資格之一，具有四年以上社會福利（或相關）機構工作經驗，並經主管機關主（委）辦之主管專業訓練及格者。

（三）高中（職）學校畢業，取得第三點至第五點所定兒童福利專業人員資格之一，具有五年以上社會福利（或相關）機構工作經驗，並經主管機關主（委辦

之主管專業訓練及格者。

（四）高等考試、乙等特種考試或薦任職升等考試社會行政職系考試及格，具有二年以上社會福利（或相關）機構工作經驗，並經主管機關主（委）辦之主管專業訓練及格者。

（五）合於相關目的事業主管機關所定資格者。

八、其他兒童福利機構之所（園、館）長、主任應具下列資格之一：

（一）大學以上兒童福利學系、所（組）或相關學系、所（組）畢業，具有二年以上社會福利（或相關）機構工作經驗，並經主管機關主（委）辦之主管專業訓練及格者。

（二）專科以上學校畢業，取得第三點至第五點所定兒童福利專業人員資格之一，具有三年以上社會福利（或相關）機構工作經驗，並經主管機關主（委）辦之主管專業訓練及格者。

（三）高中（職）學校畢業，取得第三點至第五點所定兒童福利專業人員資格之一，具有四年以上社會福利（或相關）機構工作經驗，並經主管機關主（委辦之主管專業訓練及格者。

（四）高等考試、乙等特種考試或薦任職升等考試及格，具有二年以上社會福利（或相關）機構工作經驗，並經主管機關主（委）辦之主管專業訓練及格者。

（五）合於相關目的事業主管機關所定資格者。

九、本要點各類兒童福利專業人員之訓練事項另定之。

幼兒居家安全評量表

◎客、餐廳

◎浴室

◎臥室

◎書房

◎廚房

◎陽台及樓梯

◎玩具

◎其他（不分房間）

一、客、餐廳

評估項目	是	否或無該項物品
1.客、餐廳地面屬堅硬光滑材質（例如，大理石、磁磚、磨石地或硬塑膠地板等）。		
2.客、餐廳的窗戶未裝有高度85公分以上的欄杆或鐵窗，且柵欄間隔在10公分以上。		
3.客、餐廳窗簾的拉繩垂落至幼兒能抓到的地方。		
4.客、餐廳的傢具邊緣（例如，沙發、桌、椅）有堅硬的凸角或尖銳的邊緣。		
5.客、餐廳的傢具有破損。		
6.客、餐廳內的餐桌或茶几鋪有桌巾，且未固定（可因拉扯而移動）。		
7.客、餐廳內熱水瓶放在幼兒能碰觸到的地方。		
8.客、餐廳內微波爐放在幼兒能碰觸到的地方。		
9.客、餐廳內未使用的電插座沒有加防護蓋。		
10.客、餐廳內電線或延長線未固定。		
11.客、餐廳內清潔劑或殺蟲劑放在幼兒能拿到的地方。		
12.客、餐廳內藥品放在幼兒能拿到的地方。		
13.客、餐廳內小電池、針、釦子、玻璃珠、小髮夾、硬幣、小橡皮擦等小物品放在幼兒能拿到的地方。		
14.客、餐廳內火柴、打火機放在幼兒能拿到的地方。		
15.客、餐廳內小刀、剪刀、指甲刀等尖、利的物品放在幼兒能拿到的地方。		
16.客、餐廳內有盆栽或其他植物放在幼兒能碰觸到的地方。		
17.客、餐廳內的玩具散置在幼兒能碰觸到的地方。		
18.客、餐廳內有摺疊桌放在幼兒容易碰觸及打開的地方		
19.客、餐廳內的電鍋放在幼兒能碰觸到的地方。		
20.客、餐廳內的電磁爐放在幼兒能碰觸到的地方。		
21.客、餐廳內有捕蚊燈放在幼兒容易碰觸的地方。		
22.客、餐廳內有玻璃傢具、用品、飾物放在幼兒能碰觸到的地方。		

二、浴室

評估項目	是	否或無該項物品
1.浴室地面為大理石、磁磚或磨石地等堅硬、光滑的材質。		
2.浴室內沒有鋪設吸水及防滑的墊子（例如，毛巾墊、防滑墊）。		
3.吹風機垂掛在低矮處或放在洗手臺上，且其插頭固定插於插座上。		
4.浴室內未使用的電插座沒有加防護蓋。		
5.浴室內有清潔劑或殺蟲劑放在幼兒能拿到的地方。		
6.浴室內有藥品或化妝品放置在幼兒能碰觸到的地方。		
7.浴室內有刮鬍刀等尖、利物品放置在幼兒能碰觸到的地方。		
8.瓦斯、熱水器裝置在浴室內或裝置在浴室外通風不良處。		
9.浴室門外沒有鋪設吸水及防滑的墊子（例如，毛巾墊、防滑墊）。		
10.浴缸內光滑，或浴缸旁沒有扶手（有其中一項即為「是」）。		
11.浴室內的大容器內（例如，直徑在30公分以上的大水桶或浴缸）有儲水。		
12.浴室無通風口。		
13.浴室的門自內反鎖後，無法從外面打開。		
14.熱水管的管線暴露在牆壁外面。		
15.熱水器沒有控溫裝置，或有控溫裝置但調放在高溫處。		

三、臥室

評估項目	是	否或無該項物品
1.臥室地面爲大理石、磁磚或磨石地等堅硬材質。		
2.臥室的窗戶沒有裝設欄干或鐵窗，或已裝有欄杆、鐵窗，但高度在85公分以下，間隙在10公分以上，或已老舊鬆動。		
3.臥室窗簾的繩子垂落至幼兒可以抓到的地方。		
4.臥室的傢具（例如，床、矮櫃、衣櫥等）有堅硬的凸角或尖銳的邊緣（請評估一般成人身高以下的部分）。		
5.臥室的傢具有破損。		
6.臥室的衣櫃或壁櫥容易被幼兒打開進入，且關閉後非常緊密不易由內開啓。		
7.臥室床上、地面或矮櫃上置有電熨斗、電熱器、捕蚊燈或無安全防護設計的電風扇。		
8.臥室內未使用的電插座沒有加防護蓋。		
9.臥室內長電線或延長線未收起且沒有固定。		
10.臥室內藥品或化妝品放在幼兒能拿到的地方。		
11.臥室內小電池、針、釦子、玻璃珠、小髮夾、硬幣、小橡皮擦等小物品放在幼兒能拿到的地方。		
12.臥室的床上或地面上有玩具散落。		
13.臥室內火柴、打火機或針線放在幼兒能拿到的地方。		
14.臥室內小刀、剪刀、指甲刀等尖、利物品放在幼兒能拿到的地方。		
15.臥室內有盆栽或其他植物放在幼兒能碰觸到的地方。		
16.熱水瓶放置在幼兒能碰觸到的地方。		
17.幼兒的床沒有圍欄或圍欄間空隙太寬。		
18.幼兒使用的枕頭太過鬆軟，易使他的頭陷入導致窒息。		
19.臥室內有摺疊桌、燙馬放在幼兒容易碰觸及打開的地方。		

四、書房

評估項目	是	否或無該項物品
1.書房地面屬堅硬材質（例如，大理石、磁磚、磨石地或硬塑膠地板磚），且未全部鋪有軟墊（例如，海綿地磚）。		
2.書房的窗戶沒有裝設欄杆或鐵窗，或雖裝有欄杆或鐵窗，但高度在85公分以下，間隙在10公分以上，或已老舊鬆動。		
3.書房內窗簾的繩子垂落在幼兒可以抓到的地方。		
4.書房的傢具（例如，書桌、書櫃等）有堅硬的凸角或尖銳的邊緣。		
5.書房的傢具破損。		
6.書房內未使用的電插座沒有防護蓋。		
7.書房內的長電線或延長線沒有收起，也沒有固定。		
8.書房內有藥品放在幼兒能拿到的地方。		
9.書房內有硬幣放在幼兒能拿到的地方。		
10.書房內有小刀、剪刀、釘書機、修正液、釘書針、迴紋針、圖釘、小橡皮擦等小件、尖、利或有毒的物品放在幼兒能拿到的地方（包括：地面、桌上等處）。		
11.書房內有盆栽或其他植物放在幼兒能碰觸到的地方。		
12.書房內的地面或桌椅上有玩具散置。		
13.書房內有摺疊桌、燙馬放在幼兒容易碰觸及打開的地方。		

五、廚房

評估項目	是	否或無該項物品
1.廚房地面為大理石、磁磚或磨石地等堅硬、光滑的材質,且未全部鋪有防滑墊。		
2.廚房的地面有油漬或潮濕。		
3.廚房內熱水瓶放在幼兒能碰觸的地方。		
4.廚房內烤箱或微波爐放在幼兒能碰觸的地方。		
5.廚房內未使用的電插座沒有加防護蓋。		
6.廚房內長電線或延長線未收起且沒有固定。		
7.廚房內有殺蟲劑、清潔劑放在幼兒能拿到的地方。		
8.廚房內有藥品放在幼兒能拿到的地方。		
9.廚房內清潔劑、洗衣劑或殺蟲劑是以食品容器盛裝(例如,汽水瓶、碗……等)。		
10.廚房內小電池、釦子、釘子、釘書針等小東西放在幼兒能拿到的地方。		
11.廚房內有花生米、瓜子、小蕃茄等小顆粒食品,放在幼兒能拿到的地方。		
12.家中工具類用品(例如,起子、釘子、鋸子等)放在廚房內幼兒能觸摸到的地方。		
13.火柴、打火機放在廚房內幼兒能拿到的地方。		
14.廚房內有塑膠袋、細繩、保鮮膜等放在幼兒能拿到的地方。		
15.廚房內有刀、叉或其他利器放在幼兒能拿到的地方。		
16.廚房的瓦斯爐或瓦斯桶沒有裝設瓦斯防漏偵測器。		
17.瓦斯筒不使用時未關上。		
18.瓦斯管線為塑膠製品。		
19.鍋柄或鍋鏟柄朝外放置。		
20.廚房與相連的廳房門口沒有門或任何圍欄以阻擋幼兒進入。		
21.廚房內的電鍋放在幼兒能碰觸到的地方。		
22.廚房內有摺疊桌放在幼兒容易碰觸及打開的地方。		
23.廚房內的大容器,例如,大桶、大水盆或大鍋內儲有水或湯,且未加蓋。		

六、陽臺及樓梯

評估項目	是	否或無該項物品
1.陽臺或樓梯間有清潔劑、洗衣劑或殺蟲劑放在幼兒能拿到的地方。		
2.陽臺或樓梯間上的清潔劑、洗衣劑或殺蟲劑是以食品容器盛裝（例如，汽水瓶、碗……等）。		
3.陽臺或樓梯間有小電池、釦子、釘子等小東西放在幼兒能拿到的地方。		
4.陽臺或樓梯間有工具類物品（例如，螺絲起子、釘子、鋸子、鎚子等）放在幼兒能拿到的地方。		
5.陽臺或樓梯間有空塑膠袋、細繩放在幼兒能拿到的地方。		
6.陽臺或樓梯間有盆栽或其他植物放在幼兒能碰觸到的地方。		
7.陽臺沒有圍欄或欄杆高度85公分以下，欄杆間隔在10公分以上。		
8.陽臺圍欄已破損或老舊鬆動。		
9.樓梯有欄杆，且高度在臺階面的85公分以下，欄杆間隔在10公分以上。		
10.樓梯的扶手小孩不容易扶握。		
11.樓梯的欄杆已破損或老舊鬆動。		
12.樓梯間的牆壁或地面有破損處。		
13.樓梯階面有積水情形。		
14.樓梯階面短於28公分，或階高超過18公分。		
15.樓梯的臺階高度不一致。		
16.樓梯的層階沒有鋪設防滑條。		
17.樓梯間放置有雜物（例如，破損待修的傢具），影響通行。		
18.樓梯間的燈光太弱或無照明設備。		
19.樓梯間沒有緊急照明燈。		
20.樓梯燈的開關沒有夜間可辨識裝置。		
21.樓梯上層梯口緊接房門，且房門方向是朝樓梯開。		
22.屋內樓梯口沒有柵欄，或有柵欄但高度在85公分以下，且易為幼兒打開。		

七、玩具

評估項目	是	否或無該項物品
1.玩具有銳利的邊緣或突出物。		
2.玩具表面有塗漆剝落現象。		
3.玩具為易破碎或易裂開的材質所製。		
4.玩具本身或其零件、附件的直徑小於3.17公分或長度小於5.17公分。		
5.玩具有彈射功能。		
6.玩具內含小型電池且容易取出。		
7.玩具的電線外露、有破損,或長度超過30公分。		
8.玩具上的繩子長度超過30公分。		
9.玩具玩的時候會發出刺耳的聲音。		
10.填充玩具的縫合處已脫線,有棉絮外露的可能性。		
11.有輪玩具之車輪及車體間的縫隙大於0.5公分,或小於1.2公分,可讓幼兒的手指伸入。		
12.以鏈條帶動的兒童車(例如,兒童腳踏車、三輪車等),鏈條暴露在外未加防護蓋。		

八、其他（不分房間）

評估項目	是	否或無該項物品
1.電扇沒有碰觸即停功能，或沒有細格的防護網。		
2.電冰箱、烘衣機等的門把在幼兒能觸及的地方。		
3.家中有廢棄的電冰箱、烘衣機或洗衣機。		
4.自動鐵捲門的開關小孩可以觸及，或沒有加裝安全裝置（即一偵測器，可偵測到下方物體而停止捲動）。		
5.鐵捲門已破損或老舊鬆動。		
6.家中清潔劑採用食品容器（例如，汽水瓶、碗、茶、杯等）盛裝。		
7.家中的藥品放置在食品盒（例如，糖果盒）中保存。		
8.家中有寵物（請註明何種寵物：___）。		
9.家中的垃圾桶未加蓋。	是	否
10.家中沒有滅火器或滅火器已過期。	是	否
11.家中除正門外沒有其他可供緊急逃生的出口。	是	否
12.家中電話旁未備有緊急求救電話表。	是	否
13.家中沒有備置急救用品。	是	否
14.家中沒有裝煙霧偵測器。	是	否

資料來源：行政院衛生署編著（1996），《幼兒居家安全手冊》。台北：信誼。pp.10-17。

適齡玩物的選擇

◎前言

◎玩物的分類

◎適齡玩物之選擇

◎參考文獻

前言

　　喜愛遊戲是兒童的天性，對兒童來說遊戲是他們的學習、活動、適應、生活或工作。由於遊戲是兒童基於內在動機的選擇，主動的參與，自由選擇及不用於言傳的外顯行為，因此，孩子在玩遊戲時總是充滿了笑聲、歡欣溢於言表，更是百玩不厭。

　　我們常常看到兒童一玩起來就十分帶勁，玩再久也不會厭煩，不會喊累，難怪有人說「遊戲是兒童的第二生命」。至於孩子眼中遊戲到底是什麼，學習、生活，或工作呢？對孩子而言，他們是不在意、自由地、無拘無束地徜徉在他們所營造（虛構或真實）的世界裡，享受與人、玩物之間的互動，從中獲得最大的歡樂性（joyfulness）。

　　從兒童發展的觀點來看，兒童會隨年齡的增長而產生身心（例如，認知、語言、社會、情緒、人格等）方面的成長與變化。將發展觀點應用到遊戲，兒童會因年齡的推移而逐漸成長與成熟，造成其遊戲行為的結構產生質性的改變，這是人類個體的發生論（ontogenesis）的觀點，此外，個體在特定階段因操弄玩物的熟稔度，逐漸發展其對物體之控制因而創造了個體的內在刺激，這又可謂為微視發生論（microgenesis）。準此，個體發生論係指兒童因成長所產生的發展的變化，而造成個體之遊戲行為產生了改變，這也符合各個不同兒童發展之理論所指出兒童在不同階段或次階段所產生不同層次及能力的遊戲行為；而微視發生論係指個體在短時間的遊戲行為與經驗有著持續及短暫的變化。從這些遊戲行為的改變歷程中，我們可以瞭解孩童從陌生的探索行為

發展到可以掌控及創造新刺激的遊戲行為，並從而隨時間的推移，個體從嬰幼兒的身體、動作、知覺的發展，到幼兒語言、邏輯及智能操作的提增，到學齡兒童的認知具體操作、社會發展，問題解決能力、策略謀略能力，到青少年抽象思考／推理，獨立生活技巧及適應新科技的發明。所以，成人要幫助兒童從遊戲中獲得最佳益處，我們必須加以思考兒童的特定年齡的發展概況及發展下一個步驟為何（也就是兒童的遊戲發展順序），如此一來，我們才可提供最佳玩物及做一情境佈置或調整，以期在特定的社會脈絡情境中來提昇兒童的遊戲行為。

玩物的分類

　　想到遊戲，即想到玩物，因為任何一種遊戲，都與物體（objects）或遊戲素材有關。例如，功能遊戲孩子利用感官去接觸環境，以打、擠、滾、跳、敲，及利用操弄物體的方式來玩，都與玩具有關；建構遊戲：使用各種玩具或遊戲素材去建構東西；戲劇遊戲：利用物體或道具來扮演或想像、假裝的故事。許多遊戲競賽也用到一些玩的器具，例如，骰子、球、撲克牌等。英國的一項對幼稚園兒童的研究（Tizard, Philips & Plewis, 1976），就發現97%的自由活動中，孩子都是在玩某些玩物。

　　遊戲素材的確可刺激遊戲，並成為一種資源。某一特定之素材會導引某種遊戲的方式。例如，積木、樂高、鑲嵌式組合玩具能刺激建構遊戲的產生，洋娃娃、裝扮衣服或家家酒之組合玩具可鼓勵孩子進行想像遊戲。而玩物同時可提供

給孩子單獨或社會性遊戲，所以遊戲的素材影響了孩子遊戲的方式，間接地也影響個人的成長。

父母與教育者也承認，遊戲和玩具的關係很密切，並且每年也投下無數的金錢，使孩子生活在玩物的世界中。Mergen（1982）發現，美國超過200家的玩具製造家以及外國的玩具商，每年至少出產5,000件新產品，而美國玩具製造協會主席最近曾估計，美國父母至少有150,000種不同的玩具可選擇給孩子（Mergen, 1982）。

市面上玩物充斥，因而有必要對玩物加以有系統的分類、描述、辨別，幫助幼兒能有效去使用它，發揮玩物之特性及其功能。目前，市場上對玩物有很多的分類方法，包括：

1. 以年齡為標準是最方便的：例如，二歲適合重疊堆組玩具；三歲適合桌上積木；四歲適合建構玩具，例如，樂高。甚至有些玩具訂定適合年齡層很寬（三至六歲）。這方法主要的問題是忽略了個人差異及發展速率的不同，以年齡層區分，只提供部分的問題解決方式。所以，以年齡來分是錯誤的方法之一。

2. 以玩物外表及物理功能來分類（Matterson, 1965）：例如，臉盆、器皿或漂浮人偶、船一類的玩具，稱為水中玩具；洋娃娃、商店組合玩具為扮家家酒玩具。像這樣利用玩物可能的用途（即主要特徵或功能）來分類的方法，忽略了孩子對玩物使用功能的想像潛能，那可能與大人的分類會有差異。例如，孩子可能把可穿衣服的芭比娃娃拿到積木區，做一個整合性的玩法。

3.利用孩子可能使用的動作肌肉模式來分類（Community Playthings, 1981; Krown, 1971），例如，刺激大肌肉發展玩具及小肌肉發展玩具。積木是最常被用來做如此分類的，大、小積木分別列屬於大、小肌肉功能玩物，而拼圖則屬小肌肉發展玩物。做這樣分類的理由是小肌肉的玩具提供幼兒小肌肉之練習，並增進小肌肉發展之技能，像手眼協調的動作。這些玩物有堆疊組合玩物、拼圖、釘木板玩具等。大肌肉的玩具則是用來激發幼兒全身或大肌肉功能，包括：舉起、踢、跑、踏以及手－眼、眼－腳協調。這類玩具有滾輪玩具、三輪車、踏板、跳板玩具等。這種分類也有問題，因動作發展是整合大肌肉、小肌肉之發展，以玩拼圖為例，在外表上好像是手－眼小肌肉的協調，但孩子要用肌肉去取拼圖，也需要大肌肉部分的動作。因此這種分類法會使想穿戴衣物或道具的戲劇扮演遊戲不知該如何區分了。

4.依上述三種缺失，最好的玩物分法為：以玩物本身來分類描述。主要是針對玩物一般的功能或目的，由玩具商自行區分（Hartley, Frank & Goldenson, 1952; Yawkey & Trostle, 1982）。這種系統並沒有特定的指出玩物適合的年齡和功能，只給一般說明及使用方法，讓孩子透過遊戲來成長。通常只將玩物分為教育性玩物、真實玩物、建構性玩物及玩具四種。現在，我就分別介紹這四種分類所包括之玩物及其功能。

◎教育性玩物：

教育性玩物（educational materials）被生產來提昇孩子

的學習與發展，其主要被設計來教導孩子特殊技巧與觀念。相較於其他類型之玩具，其富教導性，結構性也較強，以達教導之成果為目標。在教學包括：讀、寫、科學、算術及社會科學之教材〔例如，福祿貝爾（Frobel）、蒙特梭利（Montessori）教具〕即屬於此一類。內容有技巧和概念的教導，例如，暸解物體的部分和整體之關係、穿珠、綁鞋帶等。此外，還包括認識顏色、形狀、各類物體之名稱、分類，並暸解一對一之關係，例如，拼圖、穿線玩具、堆疊組合玩具、插椿板等。

◎真實玩物：

真實玩物（real materials）是一些在成人世界中，有特殊用途而不是用來玩的，但孩子卻將它用來遊戲，孩子想模仿大人並像大人一樣去使用這些東西，例如，木頭工具的使用。這一類的玩物包括了：沙、水、木頭、泥土、黏土等基本素材。

◎建構玩物：

建構玩物（constructional materials）是設計成讓孩子有多種不同玩法的玩物，它不同於有特別之教育目的及使用方式的教育性玩物，在運用上有很大的彈性，可用不同的方式來呈現。例如，Legos可以組合成不同的東西（車、船…），組合好的東西又可以拆掉重新組件成為另外一種東西。而教育性玩物，例如，拼圖，一直要到最後一片拼圖拼上去後，才有完整的成品出來，且玩法是

一成不變的。

◎玩具：

所謂玩具（toys），是指那些依小孩生理環境和社會環境所設計的真實物品的縮小體。有些玩具與真實物體的縮影，例如，房子、車子、動物，或者是幻想事物的縮影，例如，太空船、明星、超級英雄或卡通人物。由於是縮小的模型，所以在玩時也十分方便。概括來說，這類玩具可分為下列三種（Yawkey & Toro-Lopez, 1985）：

◇扮家家酒玩具：為室內型之人與物，一般課室中都安排在娃娃家，玩具內容包括有：

　◆洋娃娃和洋娃娃的配件。
　◆廚房用具—鍋碗盤瓢。
　◆桌椅、爐子和冰箱。
　◆電熨斗、燙板、掃把、畚箕。
　◆娃娃車、衣架及衣服。

◇交通工具玩具：火車、汽車、卡車、拖車、挖土機、吉普車及船、飛機，還有一些鐵軌、飛機場、車庫加油站等的配備玩具。

◇擬人化玩具：任何種類之動物，包括：人、野獸、昆蟲的模型玩具，此玩具大部分都用塑膠做成，在模型遊戲中常用到。其他例如，卡通人物玩偶、米老鼠、Hello Kitty貓、Snoopy狗、唐老鴨等。在這有個建

表1 玩物類別可增加兒童遊戲之類型一覽表

	社會層次		認知層次		
	非社會性	團體性	功能性	建構性	戲劇性
扮家家酒		˅			˅
洋娃娃		˅			˅
裝飾打扮		˅			˅
交通工具		˅			˅
積木	˅	˅		˅	˅
拼圖	˅			˅	
串珠	˅		˅		
工藝玩具	˅			˅	
黏土、麵團	˅		˅		
沙、水	˅		˅		

＊非社會性遊戲為單獨／平行遊戲

泥	積木	較粗製或無特徵的玩具	細緻及有特徵的玩具	教育
沙		洋娃娃（碎布）	如芭比娃娃、或仿造	玩物
水		交通工具	原車廠的模型汽車	

無建構性	建構性

圖1 玩物之建構程度

　　議：真實動物玩具對大一點的學前幼兒是有其必要的，因為在遊戲行為上，它是一種具有很好效果的玩物。我們可由表1及圖1中看出來。

適齡玩物之選擇

　　玩具與兒童發展之關係，不在於年齡、性別以及玩物的

種類，而在於孩子在玩的過程中，直接感受到的外在生理的經驗。嬰幼兒（零至三歲）常對一物體做重複的功能性遊戲，他們會去操弄這些物體，同時也觀察其結果。從Piaget觀點來看，一個二至三歲左右的小孩在玩球，他必須先同化（assimilate）這些物體（球），依從前的建構知道它是可以滾的，但他必須適應或改變一些動作，以順從物體（球）的特性，例如，可以跳、可以丟。孩子對球的反應也要順應（accommodate），比如，小的球可以丟、大的球則可以用抱的。經過孩子自己組織經驗，得以適應智力的成長過程。

對一學前幼兒而言，兒童遊戲可能由功能遊戲，轉移至建構或戲劇遊戲。在轉變的過程中，遊戲素材的角色或功能也隨之改變。兒童開始會使用物體去代表、象徵不同的東西，透過這種過程，孩子獲取更有價值的經驗。孩子有象徵想像力後，可以選擇任何一種素材，來代表任何東西（此時孩子會漸忽略玩具或素材的物理特性。例如，三歲的幼兒可能會使用縮小成套的組合玩具（例如，扮家家酒中的小碗、小盤等），但四至五歲的幼兒可能會用同樣的玩具去玩太空船戲劇遊戲。即孩子愈大，其象徵性的遊戲會愈來愈多。

遊戲既可促進幼兒學習，那成人如何幫助兒童達成這目的呢？最重要是要瞭解兒童的發展，針對其發展來選擇適合的玩具與遊戲。以下針對嬰兒階段、學前階段兒童，學齡兒童及青少年提供一些玩具（物）的選擇：

零至二歲嬰兒

零至二歲的嬰兒除了動作與知覺的迅速發展之外，其對玩物的興趣有很大的改變，剛開始具有與生俱來的反射及知覺能力，但不知如何玩玩物，遊戲的動作完全靠後天學習的

經驗，透過重複的動作基模進而類推至其他玩物。之後，由於動作技巧的精熟和經驗的擴增，嬰兒能在時間與空間上操弄及控制玩具。嬰兒時期又具有多種遊戲型態，主要是相關性的動作遊戲及在後期逐漸加上一些表徵遊戲，因此，此時期玩物之提供最好可增加嬰兒探索，尤其是知覺動作及感覺刺激，加上刺激語言發展及心理表徵概念之玩物（參閱表4.5）。

三至五歲幼兒

在兩歲之後，幼兒可瞭解玩物的一般使用方法並且也出現表徵能力，所以他們玩伴裝遊戲的能力增加；加上他們動作日趨穩定成熟，其大小肌肉動作發展（使用大型玩物，例如，積木）活動能力及小肌肉動作發展之手眼協調能力（例如，拼圖、插椿板、樂高等），也仍持續發展，但仍需要不斷刺激練習以增加這些動作技巧的熟練。在社會性互動，三至五歲之幼兒之社會特徵與嬰兒之成人玩伴的社會互動大有不同，他們逐漸增加與同儕之互動機會，透過與同儕之分享，輪流，幼兒逐漸發展了同理心及觀點取替的能力。所以，在三至五歲幼兒階段宜加強其幻想與探索，語言的準備，算數的準備，茲分述入下：

幻想與探索：此時幼兒是藉著實際操作來學習事物（learning by doing），因此加強其虛構能力如想像等，可幫助他們探索或瞭解成人所期許的適當行為。此外，幻想可幫助孩子紓解他害怕的情緒，例如，玩上學的遊戲可減輕幼兒害怕離家（或分離焦慮）的事實。

在所有的幻想遊戲中，與實物類似的道具對三至五歲幼

兒幫助最大。裝扮的服裝、醫生及護士用的醫療道具、木匠用的工作檯或其他看起來真實且為幼兒所熟悉、比例適當的工具和道具，皆能刺激幼兒與玩物之間的互動。

洋娃娃可激發人在照顧和同理上的一些本能，因此它也是一項很重要的有助於幻想發展的玩具。在三～五歲階段柔軟的布娃娃或塑膠娃娃是幼兒們的最愛，特別是像芭比娃娃那樣可以用配件來打扮，或可幫助她梳頭髮、洗澡的洋娃娃，因為她能反映幼兒日常生活的經驗而廣受歡迎。許多父母現在也能瞭解小男生也和小女生一樣喜歡洋娃娃，而許多玩具公司，例如，Playskool也為小男生設計洋娃娃了。

語言的準備：沒人說過遊戲應該是安安靜靜的。事實上，三至五歲是幼兒的語言發展階段，遊戲是愈吵雜愈好。因此，好的玩具應能提供機會，刺激兒童對聲音和語言的敏感度，以促進幼兒聽和說的能力。所以玩有顏色的木琴、有字母語音節的玩具鋼琴，皆可幫幼兒增進其聽覺辨認的能力及技巧，也可增進其日後對音樂的敏感性。學齡前兒童如能常聽音樂或故事卡帶對他的聽力有很大的幫助，當然幼兒能一起大聲唱就更好了。

玩木偶也有助於幼兒的語言技巧，因為幼兒再玩時要實驗不同木偶的腔調或聲音說話。其他如現代的電子玩具亦可幫助幼兒的語言能力。

算數的準備：幼兒對周遭的事物會加以分類及數數，並藉由詢問的方式來釐清他對分類的瞭解。例如，幼兒常會問那是什麼？和…是一樣的嗎？或自言自語的數數，有時甚至會故意跳過某些數，如果因此而獲得大人的注意，那幼兒會覺得更好玩。事實上，幼兒數的概念也是由操弄實物經驗而來，例如，玩拼圖或積木，以及一對一的關係來計數（例

如，數了九個葡萄後再與9數字做制約聯接）。也有一些玩具本身即可提供幼兒簡單的數概念，例如，建築積木組合可幫助幼兒瞭解部分與整體的關係以及空間關係，並藉數積木來瞭解數的概念；此外也可比較哪一塊積木較大，哪一塊較小？可怎麼分類？有多少塊紅色積木？哪一塊是三角形、圓形等？

還有，圖案與數的配對遊戲亦可幫助幼兒建立數字和總數之關係的概念，例如，骨牌、紙牌都可幫助幼兒建立一對一協調關係及配對的能力，又如信誼基金會出版的《記憶轉轉盤》也可訓練幼兒的記憶與觀察能力，此外，「大富翁」也可讓較大的幼兒接受數、輪流、遵循方向的訓練。

六至十一歲的學齡兒童

上完幼兒園之後，兒童仍繼續在遊戲，只是在此時期不但動作臻至成熟，也具有社會能力及認知概念，所以說來，此時期的遊戲與幼兒大不相同，他們玩較激烈的動作遊戲，尤其是需要高度動作技巧的有規則的玩類遊戲，他們時常遵守與堅持遊戲之規則及儀式，加上他們逐漸發展具體抽象概念，所以表徵遊戲及裝扮遊戲之頻率會大減。當他們與同儕互動之間愈頻繁與成熟時，他們不透過遊戲瞭解別人所期待，並創造及遵守同儕群體的相等級的結構而逐漸建立兒童文化（childhood culture）。所以，學齡前兒童的遊戲特性是發展井然有序的邏輯思考，需要同伴歸屬的需求及擴增自我能力及自尊的自我功效需求，其遊戲及玩物之建議如下：

六至八歲

社會發展：這時兒童已進入國民小學，社會接觸面已廣增。遊戲可幫助兒童社會能力的成長，並教導兒童如何應用社會技巧及策略。利用玩具或遊戲來提昇兒童間的友誼、練習分享及合作的社會技巧是很重要的。傳統的遊戲道具，例如，撲克牌、彈珠、西洋棋（象棋）皆能鼓勵及促進團體的互動，而活動性較大的戶外遊戲，例如，籃球、足球、棒球也可促進兒童們的團隊工作及合作精神。

在這年齡，他們喜歡收集個人喜好的物品，例如，卡通人物、芭比娃娃、棒球明星卡片、組合機器人、皮卡丘卡、數碼寶貝卡、玩具車等，並相互比較誰擁有的收藏品較多。大人們應該利用一些方法去鼓勵兒童和朋友交換收藏品，以分享更多的玩物。

事實上，擁有這些玩具對這年齡層的兒童是很重要的，這是他們成長的文化之一。就像我們小時後也玩一些尢仔標、彈珠、橡皮筋等一樣，只是他們現在玩的是卡通人物或商業化的產品而已。讓父母擔心的只是這些玩具常是電視廣告的產品而已，但這並不表示這些都是不好的玩具。

認知及知覺動作技巧：六至八歲的兒童由於手指操作的靈活度增加，因此也可操弄富挑戰性、困難性的玩具，如此一來大大提增其認知能力及知覺及技巧。開放式建構玩具組合，例如，Lego系統公司所出Lego、Fisher－Price所出的Construx、Play－Jour公司所出的Capsela及Ohio Art所出的Zaks等建構玩具組合，皆能鼓勵此年紀兒童去體驗知覺、平衡及部分與整體之關係，同時他們的手眼協調能力也加強了。何況當兒童在拼湊組合時，他的腦中也不斷在思考，想

辦法解決問題。

　　雖然以前建構玩具的市場是男孩的天下，最近女孩們也愈來愈喜歡並趨之若鶩。除了建構玩具之外，鋸齒狀拼圖亦是此時小朋友的喜愛物品，拼圖讓兒童更精進其部分與整體的觀念，使小肌肉手指動手更靈活、手眼協調與認知的技巧更增進。通常此時兒童可玩一百片以下的拼圖，而除了鋸齒狀拼圖外，三度空間的拼圖讓兒童從一些小片的幾何圖形拼湊成他們所想到的立體物件，讓他們接受思考、解決問題及忍受挫折的挑戰（拼圖仍以大及廣邊為主）。

　　創造性表達：不管兒童的藝術能力如何，都應該提供他們各種不同的玩具與經驗，來幫助他們發揮創造性思考。從兒童蓋印章（認字）、玩配對片，到芭蕾舞、短劇等視覺及表現藝術的經驗，皆可以幫助兒童表達自我、和人溝通情緒與感覺的能力。

　　兒童用蠟筆、水彩、黏土來作畫或粘塑時，不僅是一種情感的宣洩，也是日常生活中對實物瞭解程度的一種表達。此外多接觸美學的東西，例如，逛博物館或欣賞兒童劇等亦可讓沒有多少天份的兒童創造出極為美妙的東西來。

九至十一歲

　　解決問題能力：到小學高年級，兒童已能用複雜的解決問題的模式來解決其生活中所遭遇的難題。例如，一些思考遊戲像一個船伕要載雞狗貓過河，但雞不與貓同船，而貓不與狗同船…等，去問兒童如何解決這類問題。這種問題不僅讓此年齡的兒童（即前青春期）覺得趣味盎然，更幫助他們應付其外在的現實環境，並由互動回饋中獲得更寶貴的解決問題的策略與經驗。

視覺娛樂系統：市面上的電動玩具，例如，Game－boy，Sega，Afari，CD－Rom及Play StationⅠ和Ⅱ等，皆可將日常生活中角色扮演的故事或解決問題的策略搬上螢幕來模擬解決，例如，運動比賽軟體可幫助兒童思考如何去獲勝。兒童可從手邊有限的資料及暗示中去想出解決問題的方法（例如，攻略遊戲）。

　　小肌肉動作技巧：此階段兒童可處理小片的拼圖，提昇其手指靈巧度及小肌肉操作技巧。除了拼圖，九至十一歲的兒童也對幾何三度空間的模型組盒很有興趣，這種遊戲對他們來說是項挑戰。例如，遙控車、飛機、坦克、舟船等的模型組合。這些工作有時相當複雜，需要大哥、大姊或成人的一點協助，不過過於簡單卻會減少兒童玩遊戲的動機。此外，真實的工藝活動，例如，木匠、十字繡、黏貝殼畫等也需要他們這年齡所具備的耐力、集中力及手指靈巧性才能完成。

　　策略能力：因為策略遊戲需要遊戲者去做攻擊、防守的佈置，需冒險及預測結果，因此這些遊戲可以加強遊戲者決斷思考及認知技巧。九至十一歲兒童喜歡玩大富翁、陸戰棋、或攻略遊戲（戰爭遊戲）等，因每一步棋皆步步驚魂或充滿玄機：我需前進（進攻）或停留（防守）？我應坐牢嗎？我要機會或命運？我該置產嗎？這些兒童也喜歡賓果、井字及五子棋等這些須應用策略才能打敗對手的遊戲。另外，許多運動活動，例如，高爾夫球、網球、乒乓球、撞球或新的戶內活動也提供兒童敏感性、準確性的訓練，及一些策略抉擇的機會。而有角色扮演的遊戲中，充斥著各種謀略技巧，就像真的話劇或戲劇的角色扮演一樣，讓遊戲者從扮演的角色中，在虛構世界上去解決問題（例如，王子如何從

有大怪獸看守的城堡救出公主）。

十二歲以上之青少年階段

　　青少年階段之智力朝向代表抽象和假設推理之抽象概念化，在社會發展，不僅對同儕群體歸屬感的需求，而且還要分辨那些人可以提供如朋友之親密感的需求，甚至發展異性關係，所以青少年驗證發展一種強烈的交流溝通的需求。此外在人格發展中，青少年正處於一種狂飆（storm and stress）的拼搏的境遇裏，所以為他們自己創造一種穩定的、持久的，自我意識而奮鬥，以達到自我認知與自我接受之自我認同需求。如此說來，青少年階段之遊戲（休閒）宜加強抽象思考／推理，獨立生活技巧，及對於新科技的瞭解，茲分述如下：

　　抽象思考／推理：此時期的青少年已發展了抽象思考的能力，這可在他們學校的課業內容或家居的活動中看出來。他們可以做思考上的運作如假設推理，而不必一定要用實物操作。此時，學校的科學實驗可鼓勵青少年思考各種反應之間的關係，進而衍生出自己的假設，例如，化學、電、太陽能或雨水收集的實驗，可助青少年驗證科學的理論，而科學儀器，例如，顯微鏡、望遠鏡、暗房或溫室等皆可促進青少年獨立學習的能力，助其概念（ideas）具體化。

　　獨立生活技巧：有一些青少年非常想脫離父母的控制，不論是情緒上或生活上皆渴求獨立。然而，在發展上，青少年前期再尋求獨立時，仍需要父母給予情緒支持，才可助其發展更好的福祉（well-being）（Kuo, 1988）。在尋求獨立

時，青少年需要從事一些活動（例如，戶外求生活動）來助其發展求生技巧活獨立的能力。因此，遠足、騎自行車、露營、旅行或其他戶外冒險活動，都是培養上列技巧及能力的很好的活動。青少年自己盤算並計畫的自助旅行（籌經費、看地圖、規劃行程）亦是幫助青少年自我依賴及離開父母控制的好活動。但是，青少年可能會遭遇到惡劣的天氣、環境，影響其鍛鍊自己的能力，因此事先完善的準備及一些必要的配備，例如，帳蓬、自行車、指南針、睡袋、瑞士刀及登山鞋等是必要的。

安於新科技的發明：現代青少年的日常生活中充斥著科技發明，例如，隨身聽、電動、電腦及網路等，雖然這些高科技產品主要目的在於娛人，然而其教育價值亦不能忽略。最近的科技甚至已發明可以讓青少年自己設計卡通角色並可讓其活動（Ohio Art公司）的遊戲。

此外，電子琴可以讓青少年自由的譜曲或讓不懂音樂的人也可以奏樂。這些工具經由電子程式設計可以讓青少年沉溺於音樂世界中，自得其樂。

參考文獻

中文部分

郭靜晃（2000），《兒童遊戲：兒童發展觀的詮釋》。台北：
　　洪葉出版。

英文部分

Boehm, H. (1989, Sep). Toys and games to learn by *Psychology today*, pp.62-64.

Community Playthings (1981). Criteria for selecting play equipment for early childhood education：A reference book. *Rifton*, NY: Community Playthings, Inc.

Hartley, R., Frank, L., & Goldenson, R. (1952). *Understanding children's play*. New York: Teachers College Press.

Krown, S. (1971). *Threes and fours go to school*, Englewood Cliffs, NJ: Prentice-Hall.

Kuo, J. H. (1988). A multidimensional analysis of quality of communication and well-being in families with adolescents：A cross-sectional and longitudinal comparison (Doctoral dissertation, Ohio State University). *Dissertation abstracts international*, 49.

Matterson, E. M. (1965). *Play and playthings for the preschool child*. New York: Penguin.

Mergen, B. (1982). Play and playthings: A reference guide.

Westport. CT：Greenwood Press.

Tizard, B. Philips, J., & Plewis, I. (1976). Play in pre-school Centers-I. Play measures and their relation to age, sex, and I. Q. *Journal of child psychology and psychiatry*, 17,251-264.

Yawkey, T. D. & Trostle, S. L. (1982). Learning in child's play. *Provo*, UT: Brigham Young University Press.

Yawkey,T. D. & Toro-Lopez, J. A. (1985). Examining descriptive and empirically Based typologies of toys for handicapped and non-handicapped children. *Topic in early childhood special education*, 5(3), 47-58.

托育家庭的管理與佈置

著　　　者／郭靜晃　黃惠如

出 版 者／揚智文化事業股份有限公司

發 行 人／葉忠賢

責任編輯／賴筱彌

登 記 證／局版北市業字第 1117 號

地　　　址／台北市新生南路三段 88 號 5 樓之 6

電　　　話／(02)23660309　23660313

傳　　　真／(02)23660310

印　　　刷／鼎易印刷事業股份有限公司

法律顧問／北辰著作權事務所　蕭雄淋律師

初版二刷／2002 年 2 月

ＩＳＢＮ／957-818-232-5

定　　　價／新台幣 300 元

郵政劃撥／14534976

帳　　　戶／揚智文化事業股份有限公司

Ｅ–mail／tn605541@ms6.tisnet.net.tw

網　　　址／http://www.ycrc.com.tw

國家圖書館出版品預行編目資料

托育家庭的管理與佈置 ／ 郭靜晃,黃惠如著.
--初版. --臺北市：揚智文化, 2001[民 90]
面； 公分.
含參考書目
ISBN：957-818-232-5(平裝)

1.托兒所-管理　2.學前教育

523.28　　　　　　　　　　　89018212